CONTRA EL

CÓMO ESTABLECER UNA IGLESIA QUE A TRAVÉS DEL AUTÉNTICO AMOR CELEBRE LA DIVERSIDAD

J. DON GEORGE

PRÓLOGO DEL DR. SAMUEL R. CHAND

Publicado por My Healthy Church, 1445 N. Boonville Avenue,
Springfield, Missouri, 65802

Publicado en asociación con The Quadrivium Group—Orlando, Florida
info@TheQuadriviumGroup.com
Originalmente publicado en inglés con el título "*Against the Wind*"
por My Healthy Church, Springfield, Missouri, E.U.A.

Diseño de la portada y del interior por Anne McLaughlin,
Blue Lake Design, Dickinson, Texas.
Traducción por René Arancibia Muñoz, Marisol Janet Arancibia

ISBN: 978-1-62423-037-0

16 15 14 13 • 1 2 3 4
Impreso en los Estados Unidos de América

Qué dicen los pastores y los líderes de iglesia acerca de *Contra el viento* . . .

He conocido a J. Don George por muchos años, y siempre me ha impresionado la mezcla única en él de autoridad y bondad. He tenido el privilegio de observar de cerca cómo el Espíritu de Dios se ha movido en su vida y a través de ella para cambiar la cultura de su iglesia. Su historia de amor y de inclusión debería ser algo común entre nosotros, pero esta clase de cambio requiere de valentía–de valor espiritual. El amor que Don George siente por cada persona en su comunidad es un ejemplo que todos debemos imitar. Lea este libro, reciba inspiración, y pida a Dios que le dé esa clase de valor para hacer los cambios necesarios.

> —*George O. Wood, superintendente general*
> *Asambleas de Dios E.U.A., Springfield, Missouri*
> *Autor de* La vida en el Espíritu

J. Don George ha sido mi mentor, mi pastor, y mi amigo por más de veinte años. Hay ministros cuya imagen se empequeñece cuando uno los conoce detrás de bambalinas. Sin embargo, sucede lo contrario cuando se habla del pastor George. Cuanto más lo conozco, tanto más lo amo y lo respeto. En su libro *Contra el viento*, él revela el deseo de su corazón y su esperanza de que cada hijo de Dios anhele llegar a cada persona de la comunidad. Para él, éstas no son sólo palabras. Es la misión de su vida. Es un honor trabajar junto a él.

> —*Ben W. Dailey, pastor*
> *Calvary Church, Irving, Texas*
> *Autor de* Colisión

Hace treinta y siete años atrás, el pastor J. Don George apareció en mi vida. Me encontró cuando tenía dieciocho años de edad y era un adicto que había cometido un horrendo crimen. Desde ese día, él nunca me ha dejado. Me visitó durante mis dieciocho años y medio de presidio. Cuando salí en libertad, él me dio un trabajo. Fue mi mentor. Él ofició mi ceremonia de bodas y me dio mi primera responsabilidad en el ministerio. El pastor George ha representado para mí el inmerecido favor de Dios, el incondicional amor de Cristo, y un nivel de integridad que no he visto en otro hombre. He tenido el privilegio de conocer al pastor de toda una vida durante la vida misma del pastor. El pastor George ha sido mi pastor, mi amigo, mi mentor, y mi padre espiritual. Desde el presidio a la maravillosa iglesia que pastoreo en Nashville, él ha estado conmigo en cada paso. Él me enseñó a tener fe y a nunca darme por vencido. Su vida es como una baliza que anuncia: "Es posible, y con la ayuda de Dios, lo haremos." A mi padre en el Señor, a mi amigo, y a mi pastor: "¡Gracias por haberme mostrado como cabalgar contra el viento!"

—Maury Davis, pastor
Cornerstone Church, Nashville, Tennessee

El crecimiento de los grupos étnica en los Estados Unidos capacita a la iglesia para que cumpla la visión de Juan en Apocalipsis 7. Sin embargo, esto sucederá, si los líderes están dispuestos a ir "contra el viento" de la exclusividad racial, social, y cultural, tal como hizo mi amigo y colega J. Don George. Este libro, escrito por un competente predicador y estadista, contiene maneras vitales y concretas de hacer un estudio exegético de las Escrituras y de conectar el corazón y la cultura de las personas que establecen iglesias llenas del Espíritu y que cumplen la visión de Dios en esta cultura que cambia constantemente.

—Dr. Jesse Miranda, presbítero ejecutivo
Asambleas de Dios E.U.A., Springfield, Missouri
Presidente The Miranda Center
Director ejecutivo de NHCLC

Dedico este libro a mi esposa

por más de cincuenta años ,

Gwen Rogers George.

Su imperecedero amor por mí,

su inclaudicable fe en mí,

y su firme lealtad

han sido los factores que contribuyeron

a que el sueño de este libro

se hiciera realidad.

Índice

Reconocimientos

De muchas maneras, Dios me ha mostrado que cada uno de nosotros es sólo una mezcla de las inversiones que otros han hecho en nuestra vida. Nadie vive aislado e independiente de otros. Yo estoy agradecido de aquellos que vieron potencial en mí y decidieron invertir en mi vida. Su ayuda hizo posible la historia que presenta este libro.

Doy gracias a Dios por mis buenos padres, Roy F. George y Jimalee S. George. Como predicadores pentecostales pioneros, con palabras y hechos, me enseñaron la recta manera de vivir.

Si mi hermano, R. Kenneth George, y su esposa Patsy, no me hubieran acogido en su ministerio cuando yo tenía sólo dieciocho años de edad, mi ministerio nunca habría alzado el vuelo. Ellos vieron potencial en mí y aceptaron el desafío de darme una oportunidad. Ken me enseñó a predicar, y Patsy me enseñó música y buenos modales.

Mi esposa, Gwen Rogers George, con quien ya tenemos cincuenta años de matrimonio, ha marcado una gran diferencia en mi vida. Su encanto, su belleza, su gracia, y su bondad han sido el mayor tesoro en mi vida. Sólo Dios sabe cuán agradecido estoy por tan incomparable compañera en el fe.

First Assembly of God, Plainview [Primera Iglesia Asambleas de Dios], Texas fue mi primer amor en el ministerio pastoral. Gracias, First Assembly, por haber invertido la década de los sesenta en mí. Mi amistad con John Page y su hijo Garry fue resultado de los años que estuve en la iglesia. A la familia Page y a otros, les estaré siempre agradecidos.

Cuando Calvary Temple [Templo Calvario] en Irving, Texas, en 1972 decidió que invertiría en mi potencial, la puerta se abrió para que cada sueño que he tenido como pastor se haga realidad. Gracias, Calvary, por su fiel amor durante estos cuarenta años.

Siempre he dicho que cada pastor de una iglesia que tiene un constante crecimiento necesita tres sabios miembros en su equipo que lo ayuden a esquivar las trampas del enemigo. Necesita un abogado, un contador, y un agente de seguros. Dios me dio tres excelentes personas: Dennis Brewer (abogado), Jim Guinn (contador), y Rick McCrary (agente de seguros). Estos tres fieles obreros laicos han librado a Calvary Church y a mí también de trampas financieras y de inversiones durante estos cuarenta años que llevamos trabajando juntos. Mi pasado está limpio y mi futuro está más asegurado gracias a estos fieles amigos, mi agradecimiento para cada uno de ellos.

Este libro posiblemente tendría otro título si no fuera por Rick y Kay McCrary. Ellos me dieron una linda estatuilla, un original y especial regalo de cumpleaños que se convirtió en el título del libro: *Contra el viento*. Gracias, Rick y Kay, por sus muchas expresiones de amor y amistad a través de los años. Nunca olvidaremos sus años de fiel servicio en Calvary Church. Les amamos mucho.

¡Cuán enriquecida ha sido mi vida con tres hijos y seis nietos! Mi hija Valerie, y su esposo Kerry Jones, nos han dado cuatro nietos: Lesley, Lacey, Austin, y Justin. El matrimonio de Lesley con Michael Jarboe también añadió a una persona muy especial a la familia. Mi hijo Rodney y su esposa Kim, doce años atrás trajeron mellizos a la familia, Lizzy y Grant. Kerry Jones sirvió fielmente en el equipo de ministerio de Calvary Church durante quince años. El moderno y hermoso edificio de Calvary Church fue posible gracias a la extraordinaria habilidad administrativa de Kerry durante esos quince años. Por siempre estaré agradecido.

Dios me habló la primera vez que me reuní con Ben y Kim Dailey y me dijo que nuestros destinos estaban unidos. Ni siquiera imaginaba la profundidad del aporte en mi vida y en la vida de la iglesia de estas dos jóvenes personas—en ese tiempo, sólo en sus veinte años de edad. Gracias, Ben y Kim, por su lealtad durante estos veinte años de ministerio juntos.

Jeremy Mount, Chris Ayon, y Elmer Cañas me han enseñado mucho acerca de la cultura juvenil de nuestro tiempo. Nuestra iglesia no podría haber avanzado sin esa hábil interpretación de la cultura actual.

Misty Williams, mi eficiente asistente ejecutiva y administrativa, ha pasado muchas horas frente al computador preparando este libro para su publicación. Gracias, Misty, por tu interpretación fresca de las palabras de este "veterano". Gracias por tu maravillosa habilidad.

Pat Springle ha sido de inestimable valor para este proyecto. El valor de su talento excede cualquier explicación. La historia que siempre quise presentar cobró vida cuando él hábilmente me ayudó y se aventuró a cabalgar "contra el viento". Gracias, Pat, porque viste el potencial de la historia y porque literalmente soplaste vida en un objeto inanimado. Estoy muy agradecido.

Gracias, Dr. George O. Wood, porque me animó a realizar este proyecto. De la primera vez que le presenté porciones de esta historia, usted me animó a registrar todo en un libro. Usted tal vez no imagina la fortaleza que encontré en sus sencillas palabras de ánimo. De todo corazón, muchas gracias.

Prefacio

Cuando supe que J. Don George estaba escribiendo un libro acerca de la importancia de la inclusión cultural, me sentí muy enstusiasmado. Tal vez, yo estoy en una peculiar posición que me permite apreciar su corazón y su liderazgo respecto a este tema. Cuando hace muchos años llegué a los Estados Unidos desde la India, mi piel oscura de inmediato me situó en cierta categoría en la mente de algunas personas: yo era una de "esas personas", "otro más", y posiblemente "menos que". Después, abrí mi boca. Cuando oyeron mi acento, pude ver la expresión en los rostros. No hacía falta las palabras. Estas personas pensaron: "¡Él no es de aquí!"

Yo era un extranjero en una tierra extraña, un desadaptado, y en la mente de algunos, sólo otro inmigrante. Pero algunas amadas personas vieron más allá del color de mi piel y de la entonación de mis palabras difíciles de entender y descubrieron al ser humano. Me aceptaron tal cuál soy, y por eso les estoy muy agradecido.

¿Por qué para algunos es tan fácil amar a las personas y ser inclusivos, mientras que otros viven desconectados y tienen una actitud de hostilidad para aquellos que vienen de fuera? Todo esto es un asunto de perspectiva y exposición.

La Biblia nos dice que cada persona tiene un valor intrínseco. David tuvo una perspectiva microscópica y telescópica de la vida. Cuando observó la vasta, la majestuosa expansión de los cielos, se maravilló de que el Dios de toda la creación huebiera hecho con sus manos al ser humano. Le preguntó a Dios: "¿Qué es el hombre, para que en él pienses? ¿Qué es el ser humano, para que lo tomes en cuenta?" (Salmo 8:4).

El ser humano es la corona de la exquisita creación de Dios. Sin embargo, cada creyente tiene una identidad aún más extraordinaria. Dios nos ama de tal manera que se hizo uno de nosotros para darnos a conocer la amplitud, la altura, y la profundidad de su gracia. El Nuevo Testamento nos dice que el Espíritu de Dios nos llena para que todos aprendamos a vivir de acuerdo a esta nueva identidad, como hijos e hijas del Rey.

Pero necesitamos ayuda. Las antiguas perspectivas todavía están invictas, y las antiguas heridas no han sanado. Aún entre aquellos que afirman que conocen y aman a Jesucristo, a veces no nos amamos como Él nos amó. Sencillamente, pasamos junto a las personas y no nos detenemos para entenderlas, o les volvemos la espalda cuando más nos necesitan.

J. Don George nos ha mostrado como podemos cambiar—primero en nuestro interior y después en nuestro liderazgo. En su libro *Contra el viento*, mi amigo Don presenta una hermosa descripción de su travesía al corazón de

Dios. Con la claridad, el poder, y la humildad que lo caracterizan, él nos guía por ese mismo sendero.

Yo sé lo que usted está pensando. Ya lo hemos oído todo. ¿Qué concepto nuevo puede presentar Don George que otros ya antes no hayan presentado? Mi oración es que, conforme usted lea este libro, Dios ilumine los ojos de su corazón para que vea—*realmente vea*—la belleza del evangelio de la gracia, el maravilloso amor de Dios por cada personas, y las barreras a las que nos hemos acostumbrado por mucho tiempo. Cuando usted vea estas cosas, usted se sentirá movido a alcanzar a cada personas de su comunidad. Paradójicamente, el amor de Dios derretirá su corazón y lo moverá a la acción. Esa es la manera en que Dios obra. Prepárese. Esta experiencia ya está en camino.

— *Samuel R. Chand*
Consultor internacional de liderazgo, autor de
Cracking Your Church's Culture Code
(www.samchand.com)

Lecciones duras pero necesarias

Yo estaba frustrado y confuso. Durante años nuestra iglesia había crecido. Habíamos celebrado hermosas festividades, conducido poderosas reuniones evangelísticas, y también habíamos invitado a los ministros más conocidos del país a predicar en nuestros servicios. Cada vez experimentábamos breves repuntes en la asistencia, y luego volvíamos a marcar el paso. Nada parecía sacarnos de nuestra condición de estancamiento. Yo oraba con frecuencia y fervientemente para que Dios rompiera la barrera invisible e impenetrable que impedía el crecimiento de nuestra iglesia. Sin embargo, durante años en los cielos hubo silencio.

En 1995, durante el Concilio General de las Asambleas de Dios en Indianápolis, Dios me dio una clara e inequívoca palabra de conocimiento. Cuando Jerry McCamey habló en una de las reuniones de la tarde, él pidió a los presentes que miraran alrededor a los que estábamos reunido en el gran salón. Luego hizo una punzante e irrefutable declaración. Dijo: "Miren el rostro de todos esta noche. ¿Ven ustedes muchas personas de color?[1] No, ¡esta denominación—esta iglesia—es netamente blanca!"

Mientras yo miraba a los presentes, me di cuenta que también en nuestra iglesia cada domingo en la mañana, cuando predicaba veía un mar de rostros blancos, muy parecido uno al otro. Sentí como si una daga hubiera penetrado en mi corazón mientras el Espíritu Santo susurraba: "¡*Tu* iglesia también es blanca!"

No discutí con Dios, porque la verdad era innegable. Pensé, *¿Cómo pude pasar por alto esto? ¿Dónde he estado todos estos años? ¿En qué estaba pensando?* Respondí a Dios con una sencilla oración, "Sí, Señor. Cuando llegue a casa, haré lo que sea necesario".

El concepto de inclusión no era nuevo para mí. Desde mis más tempranos días en Calvary Church, yo dije a la congregación, "Esta iglesia debe ser mucho más que un grupo de una denominación, una raza, una credo, un color, una cultura, o un nivel socio económico. Debemos ir más allá de las estrechas prácticas del pasado". Yo había estado empeñado activamente en atender cada aspecto de exclusión en la iglesia, con una excepción. Había dejado de lado el asunto racial. En el momento en que escuché a Jerry McCamey esa reveladora noche, Calvary era inclusiva en muchas maneras, pero todavía éramos noventa y ocho por ciento blancos. Era tiempo de cambiar, pero instintivamente supe que pagaríamos un precio.

La inclusión ocupa un lugar importante en la lista de las prioridades de Dios. Antes de que exploremos la teología, la práctica, y los riesgos de atender la diversidad racial, permítanme compartir algunas experiencias que han moldeado de manera muy profunda mi vida y mi desempeño como pastor.

El ejemplo de mi padre

Mi padre, Roy F. George, fue un fundador itinerante de iglesias, que tuvo pastorados desde el este de Texas hasta el norte de California. Casi cada año, y a veces con más frecuencia, él fundaba una nueva iglesia o revitalizaba alguna que estuviese luchando por mantenerse a flote. Naturalmente, nuestra familia lo seguía en cada paso de su jornada. Él levantaba una iglesia hasta el punto de que ésta pudiera sostener económicamente a un pastor, y entonces el Señor lo guiaba a repetir el proceso en otro pueblo. Yo estudié en dieciocho diferentes escuelas en mis doce años de educación pública.

Sociológicamente, mi padre estaba adelantado a su tiempo. Aun en los pequeños pueblos

Sociológicamente, mi padre estaba adelantado a su tiempo.

Aun en los pequeños pueblos firmemente segregados del Sur, él amó y evangelizó a la gente de color.

firmemente segregados del Sur, él amó y evangelizó a la gente de color. Cultivó una buena amistad con pastores negros. Con frecuencia predicaba en sus iglesias, y él los invitaba a predicar en su congregación. Cuando cursaba el sexto grado en Farmersville, Texas, mi padre y un pastor negro del lugar se hicieron muy buenos amigos. Papá invitó a Elder Lacy y a su coro para que él predicara y ministraran en nuestra iglesia un domingo en la noche. El domingo siguiente mi padre predicó en la iglesia de Elder Lacy.

La grata relación de mi padre con los líderes negros de la iglesia contrastaba con la modalidad que imperaba en las comunidades de alrededor. Solamente a quince millas de distancia de Farmersville estaba el pueblo de Greenville. Durante años hubo un letrero en la calle principal del pueblo que ufano anunciaba: "Greenville, Texas: donde la tierra es la más negra y la gente más blanca".

En aquellos días, recuerdo muy bien haber visto letreros que designaban los cuartos de baño: "Hombres blancos", "Mujeres blancas" y "Gente de color". No solamente los cuartos de baño estaban segregados de acuerdo a la raza; a la gente de color ni siquiera se le concedía la dignidad de tener cuartos de baño separados para hombres y mujeres.

El ejemplo positivo de mi padre me mostró los males de la segregación. Vi una clara diferencia entre la afectuosa aceptación con que él trataba a la gente de color, y las manifestaciones de airada superioridad de la gente blanca en nuestra comunidad y en nuestra iglesia. Yo sabía que el racismo era malo, pero no sabía qué hacer al respecto. El racismo y la intolerancia gobernaban sin que nadie se opusiera. Ambos males eran el aire que la gente respiraba. Mi padre fue un pionero en las relaciones humanas, aunque no hizo manifestaciones callejeras ni se subió a un estrado para anunciar sus creencias y sus prácticas. Él sencillamente amó a cada persona de la comunidad, y se hizo el propósito de alcanzar a aquellos que los demás despreciaban.

Después de egresar de la escuela secundaria en 1954, mi hermano, R. Kenneth George, su esposa Patsy, y yo, viajamos a través del país, cantando y predicando el evangelio. Cuando Dios abría las puertas para que predicáramos el evangelio, muchas vidas eran cambiadas y las iglesias eran bendecidas. Sin embargo, nosotros sabíamos que ni nuestras habilidades en el canto ni en el evangelismo eran excepcionales. En 1957, después de mi boda con Gwen Rogers en Abilene, Texas, fuimos invitados a ser pastores de una pequeña iglesia en la comunidad rural de Plainview, Texas. Durante nuestro ministerio en Plainview, estudié en Wayland Baptist University. Fue un tiempo maravilloso en nuestra vida y ministerio, pero también de mucho ajetreo. En Plainview el algodón es el rey. Aun cuando había unos pocos obreros hispanos en la comunidad, casi no había negros. Las pocas personas negras de Plainview se congregaban en la iglesita de Elder Givens.

Como pastor joven, seguí el ejemplo de inclusión que aprendí de mi padre. Invité a Elder Givens a predicar a nuestra iglesia, y él me pidió que predicara a su congregación. Yo ni siquiera podía pensar en alcanzar a personas de raza negra y ganarlos para nuestra iglesia. A Elder Givens y a su pequeña congregación les habría parecido poco ético. Las personas de raza negra que hubiesen elegido venir a nuestra iglesia habrían enfrentado severas miradas de desaprobación y expresiones de condenación. Aun cuando yo no deseaba ofender a Elder Givens ni deseaba poner a la gente de raza negra en situaciones incómodas. Éstas eran mis razones y mis excusas para dejar las cosas en Palinview tal como estaban. Sin embargo, en mi corazón, yo sabía que algo más debía suceder.

Un esfuerzo demasiado duro

Después de una década en Plainview, acepté el llamado para ministrar en Central Assembly of God [Iglesia Central de las Asambleas de Dios], en Baton Rouge, Louisiana. Durante los años que estuvimos en el oeste de Texas, Dios me dio la visión de edificar una iglesia dinámica y creciente en una ciudad. Desde mi ventajosa perspectiva de Plainview, ¡Baton Rouge era como la ciudad de Nueva York! También, yo tenía una importante conexión en Baton Rouge. Permítanme explicarlo. El ministerio de Jimmy Swaggart había comenzando a florecer. Él había predicado varias semanas en nuestra iglesia en Plainview. Puesto que Jimmy y yo habíamos desarrollado una buena amistad, cuando Central Assembly necesitó un pastor, Swaggart sugirió que yo fuera uno de los candidatos al pastorado. La iglesia había sido fundada dieciséis años antes, y el pastor fundador decidió dejar el lugar para pastorear una iglesia en otra ciudad. Yo creía verdaderamente estar preparado para dirigir una iglesia grande y floreciente en una ciudad más grande. Yo tenía una gran visión para Central Assembly, y mi deseo era que nada se interpusiera en mi camino.

Sin embargo, el orgullo y la arrogancia impidieron que mi visión se cumpliera en Baton Rouge. Sencillamente me esforcé demasiado para que hubiera crecimiento y para que éste fuera rápido. En vez de dirigir confiadamente con el fervor y la habilidad de un cariñoso pastor, insistí y ejecuté mi plan con implacable y temerario abandono.

El resultado fue caos y desorden. Fracasé en entender que la confianza no se transfiere. La confianza que me brindó la congregación en Plainview no podía, y no pudo, ser transferida a la congregación en Baton Rouge. Pronto me di cuenta que la confianza que había ganado de parte de una congregación en el oeste de Texas tenía que ganarla del mismo modo de la congregación en Louisiana.

Mi permanencia como pastor en Baton Rouge duró poco menos de un año. Dios me dirigió a trasladar mi familia a Fort Worth, Texas, y a esperar que se abriera otra puerta de oportunidad pastoral. Mi oportunidad de levantar y dirigir una gran iglesia en una ciudad grande se había perdido. También se había perdido mi oportunidad de conceder liderazgo pastoral en la iglesia a la cual asistía Jimmy Swaggart.

Una de las cosas que aprendí fue que los buenos líderes nunca pasan por encima de aquellos que rehúsan aceptar su visión.

A pesar de las dificultades, yo aprendí mucho durante ese año de experiencia pastoral en Baton Rouge. Una de las cosas que aprendí fue que los buenos líderes nunca pasan por encima de aquellos que rehúsan aceptar su visión. Otra lección que aprendí fue que los líderes prudentes no recurren a artimañas de poder para alcanzar lo que quieren. En este período crítico de mi vida, el conflicto y el fracaso llegaron a ser dos de mis más eficaces maestros, aun cuando fue muy doloroso aprender de este modo.

Sin embargo, años más tarde, cuando Dios me dirigió a desarrollar una congregación multirracial en Irving, Texas, estas lecciones me resultaron valiosísimas. Si no hubiese pasado por la derrota y el fracaso del pastorado en Baton Rouge, después de la conferencia en Indianápolis, yo habría pedido un cambio inmediato. Mi fracaso pastoral en Baton Rouge me enseñó a proceder con paciencia y diplomacia cristiana. Aunque aprendí algunas lecciones de importancia en el liderazgo, lo hice con bastante dificultad. Aun más, Dios utilizó el fracaso para hacer de mí un mejor pastor.

Lecciones aun más difíciles

Un año más tarde de mi fracasado intento de pastorear en Baton Rouge, una pequeña iglesia en Fort Worth me pidió que fuera su pastor. Gwen y yo aceptamos su invitación. Las cosas estaban marchando bien hasta que recibí un llamado en que me avisaban que mi hija de siete años de edad había sido llevada de urgencia al hospital. Cuando Gwen y yo llegamos al hospital, los doctores nos dijeron que Vanessa había sufrido una hemorragia cerebral masiva mientras estaba en su sala de clases del segundo año.

Durante treinta días, Vanessa estuvo en coma. Gwen y yo permanecimos a su lado día y noche en el hospital. Los líderes de la comunidad de fe—Jimmy Swaggart, Kenneth Copeland, Dan Sheaffer, E. R. Anderson, y otros— vinieron a imponer manos sobre ella y a orar para que Dios la sanara. En el transcurso de ese tiempo, nosotros volcamos nuestro corazón ante Dios y confiamos en un milagro. Sin embargo, Vanessa murió el 19 de febrero de 1972.

Gwen y yo estábamos deshechos. ¿Dónde estaba Dios cuando más lo necesitamos? Personalmente yo me sentí abandonado, y tuve que considerar si podía seguir predicando la palabra de Dios. Yo no encontraba explicación para la hemorragia de Vanessa, y su muerte. ¿Podía yo confiar en un Dios que era tan caprichoso con aquellos a los que amaba? Mi padre, Roy F. George, y mi hermano, R. Kenneth George, compartieron mi dolor y me aconsejaron. La palabra de Dios renovó mi fe, y el pueblo de Dios consoló mi espíritu. Tomé la firme decisión de que confiaría en Dios y le serviría, aun en la oscuridad. El conflicto y fracaso en Baton Rouge, ahora la muerte y la desesperanza en Fort Worth; Gwen y yo tuvimos la convicción de que seguramente Dios usaría estas dificultades para cumplir algo bueno…suavizar nuestro corazón y profundizar nuestra confianza en Él. Ciertamente, Él no malgastaría nuestro dolor.

Seis meses después de la muerte de Vanessa, se abrió para mí la puerta de la oportunidad en el ministerio en Calvary Temple en Irving, Texas. Yo estuve dispuesto a dejar Fort Worth y empezar algo nuevo. Dios me dio la sensación de que me usaría de una manera significativa. Yo no sabía cómo ni cuándo, pero deseaba estar listo. En algún lugar, en lo más profundo de mi corazón, yo tenía la sensación de que Dios usaría las experiencias del pasado para impulsarme a alcanzar a otras razas y culturas.

> En algún lugar, en lo más profundo de mi corazón, yo tenía la sensación de que Dios usaría las experiencias del pasado para impulsarme a alcanzar a otras razas y culturas.

No debe ser de esta manera

Cuando yo cursaba los últimos años de la escuela secundaria, mi padre era el pastor de una pequeña iglesia en Hobbs, New Mexico. Todos los días después de la escuela y también los sábados, yo trabajaba en un almacén de despensas. Nuestra escuela todavía no estaba "integrada", pero en la tienda llegué a conocer una buena cantidad de gente de color. Los muchachos que conocí allí no eran diferentes de mí. Tenían las mismas esperanzas y temores. La única diferencia era el color de su piel. Pero el liceo al cual asistían ellos no tenía las facilidades y los recursos que tenía el nuestro. A mí no me parecía bien que hubiera esa diferencia, ciertamente no.

En Plainview, Baton Rouge, y Fort Worth, yo tuve la sensación de que algún día sería pastor de una iglesia que acogiera a la gente de color y que los tratara como a iguales. El innegable amor que tenía mi padre por la gente de color estaba grabado en mi memoria y llegó a ser parte del ADN de mi ministerio. Cuando estuve en Fort Worth y en el primer año en Irving, comprendí que necesitaba ayuda para ser un pastor eficiente para la gente de color. Yo sabía cómo relacionarme con la gente blanca, pero no estaba seguro de entender las esperanzas y temores de la gente negra. Para lograr un mejor entendimiento me matriculé en la Universidad de Texas, en Arlington, para estudiar la historia y la cultura de la gente de raza negra. Deseaba conocer las experiencias que ha tenido la gente de color, con el fin de entender la manera en que ellos piensan, sienten, y viven. Estudié a grandes líderes del pasado, como Frederick Douglass, George Washington Carver, Ralph Bunche, y Booker T. Washington. También estudié acerca de líderes negros más recientes, tales como Jesse Owens, Martin Luther King Jr., Thurgood Marshall, y Jackie Robinson. Pronto pude darme cuenta que mi conocimiento de los negros y de su cultura había sido muy limitado. Mi padre había establecido amistad con pastores negros en todo pueblo y ciudad en donde vivimos, pero yo no me había interesado en entenderlos. Ahora comenzaron a encenderse las luces en mi entendimiento.

Cuando intentamos entender una cultura diferente, en el otro extremo del mundo o en el otro extremo de la ciudad, necesitamos determinar qué es lo que tiene supremo valor para las personas. Algunas sociedades en los Estados Unidos, como la que está compuesta por blancos, anglo sajones, y protestantes, consideran la vida a través de los lentes de la culpa y la justicia. Para estas personas, las declaraciones son correctas o incorrectas, la gente es buena o mala, y el sistema de gobierno debiera proteger a los inocentes y castigar al culpable. Esta descripción de los valores culturales parece enteramente buena y recta a la gente blanca, pero la gente de raza negra ve las cosas de modo muy diferente. ¿Recuerdan la manera en que la gente respondió ante el veredicto del jurado en el caso de O. J. Simpson? La gente blanca vio el veredicto de absolución del jurado como una parodia de justicia. En marcado contraste, la comunidad negra lo vio como una vindicación y una validación de su cultura. Para muchas personas de raza negra, el asunto no era la culpabilidad o la inocencia. Un veredicto de culpabilidad hubiera significado una vergüenza para su raza, y lo verdaderamente importante era evitar la vergüenza. La mayoría de los blancos da énfasis a la culpabilidad y la justicia; la mayoría de los negros pone el énfasis en la vergüenza y el honor—las dos posiciones muchas veces son completamente opuestas.

Algo más reciente, las personas en los Estados Unidos han percibido la elección de Barack Obama de maneras muy opuestas. Los que valoran la culpa y la justicia argumentan respecto a políticas y a personalidades, pero la gente que pertenece a una cultura de la vergüenza y el honor, apoya a uno de los suyos sin importar cuáles sean las políticas que él proponga. Por supuesto que estoy hablando de generalidades, pero esa es la manera en que consideramos las culturas. Siempre hay excepciones a estas amplias categorías. Aun así, el entendimiento de las diferencias en las culturas nos ayuda a establecer puentes de entendimiento entre nosotros.

Cuando empecé a entender las diferencias entre las culturas de la vergüenza y el honor y de la culpa y la justicia, me di cuenta que muchas de las declaraciones y de las acciones de la gente blanca son percibidas como profundamente ofensivas para la comunidad negra. No tenemos que cambiar nuestro punto de vista de lo que es correcto e incorrecto para

> No tenemos que cambiar nuestro punto de vista de lo que es correcto e incorrecto para establecer una relación transcultural, pero lo que necesitamos es comprender que la gente de color mira la vida con lentes diferentes.

establecer una relación transcultural, pero lo que necesitamos es entender que la gente de color mira la vida con lentes diferentes. La pasión de ellos por el honor es tan importante, como lo es la sed de justicia para los blancos.

Yo siempre había deseado evangelizar a gente de color, pero antes de tomar ese curso en la universidad no tenía idea de la manera en que podría relacionarme con ellos. Ahora, tenía al menos un mapa para mostrarme el camino por el que debía transitar.

El corazón de Dios respecto a la inclusión

Pocas personas en las iglesias predominantemente blancas son racistas empedernidos, y pocos negros son militantes contra la "opresión blanca". Pero son muchos, muchísimos los que sospechan que los demás se sienten superiores a los que no son como ellos. El temor y el orgullo son comunes en la naturaleza humana, pero son veneno para la causa de Cristo. Cuando exploramos las Escrituras, no tenemos que ir muy lejos para ver el corazón abierto de Dios, que recibe a gente de toda clase. Al estudiar los Evangelios, vemos a Jesús que llega a personas que son rechazadas por la sociedad. Y cuando analizamos la historia de la iglesia primitiva, entendemos que Dios hizo todo lo posible para acoger en su familia a los marginados por la sociedad y a los extranjeros. El temor y el orgullo pueden ser características comunes en el corazón de la gente en el mundo entero, pero no tienen lugar en el reino de Dios. Debemos identificarlos, debemos expulsarlos, y debemos dar lugar al amor redentor.

El plan de Dios por sobre todo

Desde el comienzo de su proyecto de reclamación, cuando estableció el pueblo judío, Dios mostró su visión expansiva. Los judíos serían el "pueblo escogido" de Dios, no porque lo merecieran. Dios quería que ellos fueran su voz y que proclamaran su verdad y que fueran como sus manos que dan forma al destino de cada persona sobre la tierra. El llamado que hizo a Abraham tuvo innegablemente este alcance. Dios le dijo:

> "Deja tu tierra, tus parientes y la casa de tu padre, y vete a la tierra que te mostraré. Haré de ti una nación grande, y te bendeciré; haré famoso tu nombre y serás una bendición. Bendeciré a los que te bendigan y maldeciré a los que te maldigan; ¡por medio de ti serán bendecidas todas las familias de la tierra!" (Génesis 12:1–3).

Los propósitos redentores de Dios no eran exclusivamente para Abraham, para su familia, o para sus descendientes. Dios lo llamó a él, a ellos, y a nosotros para representar su gracia y su gloria a toda persona sobre la tierra. Nadie es superior o inferior. Nadie está fuera de sus límites. Nadie está fuera de los planes y del corazón de Dios.

Mil años después, el pueblo de Abraham llegó finalmente a la Tierra Prometida. Algunos tal vez quisieron disfrutar de una vida cómoda allí, pero Dios no había olvidado sus propósitos. El salmista se los recordó:

Canten al Señor, alaben su nombre;

anuncien día tras día su victoria,

proclamen su gloria entre las naciones,

sus maravillas entre todos los pueblos

(Salmo 96:2,3).

Aproximadamente un milenio más tarde, el prometido Mesías de Dios nació en un establo en las afueras de Belén. Cuando los padres de Jesús lo presentaron en el templo, había un anciano que los esperaba. El Espíritu le había prometido a Simeón que vería al Mesías antes de morir. Cuando María puso a su bebé en los brazos del anciano, la bendición de él fue mucho más amplia y desafiante que lo que pudo haberse esperado. Simeón oró de este modo:

"Según tu palabra, Soberano Señor,

ya puedes despedir a tu siervo en paz.

Porque han visto mis ojos tu salvación,

que has preparado a la vista de todos los pueblos:

luz que ilumina a las naciones

y gloria de tu pueblo Israel" (Lucas 2:29–32).

Simeón advirtió a María y a José que su bebé sería el punto de división de toda la historia, y que ellos sufrirían al ver la manera en que otros lo tratarían. Este no era un bebé como otros, y su causa tampoco sería como la de otros.

Unos treinta años más tarde, Jesús inició su ministerio con la lectura de un pasaje de la profecía de Isaías acerca del Mesías, que vendría para redimir al mundo. Luego Él anunció: "Hoy se cumple esta Escritura en presencia de ustedes" (Lucas 4:21). La gente que escuchaba no debió malentender lo que él quiso decir. Isaías había escrito los "Cánticos del Siervo" respecto al Escogido que vendría para morir por los pecados del mundo. El propósito divino y redentor de Dios no estaba relacionado únicamente con los judíos. Una y otra vez, Isaías anunció que el Mesías traería perdón y justicia "a las naciones" (Isaías 42:1 y sig.).

A los judíos, sin embargo, les era difícil ver más allá de sus propias necesidades y problemas. Después de su muerte y resurrección, Jesús tuvo que recordarles que pensaran en forma más amplia. "—Esto es lo que está escrito —les explicó—: que el Cristo padecerá y resucitará al tercer día, y en su nombre se predicarán el arrepentimiento y el perdón de pecados a todas las naciones, comenzando por Jerusalén" (Lucas 24:46,47).

Siempre cuando el pueblo de Dios se ha vuelto miope, Él les ha hecho recordar que hay una perspectiva más amplia del cuadro. Desde Abraham hasta Salomón, hasta Isaías y Jesús, hasta la iglesia primitiva y hasta nosotros, el propósito de Dios es alcanzar a todas las personas de la tierra y ofrecerles una bienvenida a su familia.

El ejemplo perfecto

Jesús fue como un pararrayos. Su mensaje de gracia y su amor por los desamparados enfureció a la elite religiosa.

> Siempre cuando el pueblo de Dios se ha vuelto miope, Él les ha hecho recordar que hay una perspectiva más amplia del cuadro.

Él, con toda normalidad, contravino las expectativas establecidas porque trató con amor y de aceptación a mujeres, niños, leprosos, ciegos, recaudadores de impuestos, y extranjeros. Ocasionalmente, explicó que había venido primeramente a los judíos, pero deseaba prepararlos para que fuesen como faros al resto del mundo. Su visión jamás se detuvo en la frontera de Palestina.

Jesús reservó su más severa condenación para aquellos que se sentían superiores a "esa gente". Jesús denominó a los fariseos y saduceos una "cueva de serpientes" y "sepulcros blanqueados" a causa de su estrecha, orgullosa y egoísta exclusión de la gente a la que Jesús amaba.

Los discípulos, sin embargo, no eran los alumnos más aventajados del Maestro. Ellos observaban el ejemplo de afectuosa acogida de Jesús día tras día, pero todavía se maravillaron y se confundieron cuando Jesús los llevó por un camino que pasaba por Samaria, de tal modo que Él pudiera iniciar una conversación con una mujer que era una marginada aun entre los aborrecidos samaritanos. Jesús tuvo que corregir a los discípulos cuando procuraron impedir que los niños se acercaran a él, porque percibieron su maravilloso amor.

En vez de sentarse en un lugar cómodo y esperar que los marginados y los extranjeros vinieran donde Él estaba,

Jesús fue a ellos, los encontró en el camino, y se propuso tocar a los intocables, aunque fuera blanco de las burlas y el rechazo de los líderes religiosos.

Cuando consideramos el ejemplo de Jesús, debemos preguntarnos a nosotros mismos: ¿Dónde encajamos nosotros en esto? ¿Qué lugar ocuparíamos en las historias? ¿Nos uniríamos a los fariseos y excluiríamos a "esa gente"? ¿Permaneceríamos alejados, observando, sin unirnos a Jesús en su despliegue de bondad? ¿O estaríamos completamente comprometidos con su causa, siguiéndolo y tocando la vida de los marginados?

Posibilidades

El asunto de mayor controversia en la iglesia primitiva fue si los gentiles podían llegar a ser cristianos, y si así era, bajo qué condiciones serían recibidos en la fraternidad de los creyentes. Era una típica situación de "nosotros y ellos", "los de adentro y los de afuera". Cuando Pablo regresó de uno de sus viajes misioneros, explicó que los gentiles habían experimentado el perdón de Dios y que habían sido llenos del Espíritu Santo, sin que se hubieran hecho primeramente judíos. En este punto, la comunidad cristiana tenía su propia versión de una elite religiosa, ¡y estaban horrorizados! Los líderes de la iglesia convocaron a un concilio para decidir cómo manejar esta delicada situación. Ellos anunciaron que los gentiles podían, efectivamente, ser seguidores de Jesús sin antes convertirse en seguidores de la ley, es decir, judíos circuncidados.

Lamentablemente, algunos creyentes judíos tuvieron dificultad para recibir a los gentiles en la iglesia. En Galacia ellos procuraron restablecer la ley judía como un requisito para todos los creyentes. Esto tenía como fin que se excluyera a "esa gente" de la fraternidad. Pablo escribió una severa carta como respuesta, en la que denuncia las actitudes de ellos, la teología errónea de ellos, y su orgullo. Los denomina "torpes" por dar más valor a la exclusión que a la gracia.

La arrogancia y la exclusión, bien sea en forma descarada o pasiva, no son aceptables en el reino de Dios. En el primer siglo, la línea divisoria era entre judíos y gentiles. Hoy, la gente establece líneas que excluyen a otros por causa de la raza, el color, las prácticas religiosas, la doctrina, el idioma, la cultura, el género, y la situación económica. En su carta a los efesios, Pablo usó una metáfora que toda persona podría entender. El templo en Jerusalén estaba dividido en varias secciones. En el centro estaba el Lugar Santísimo, donde tan sólo el sumo sacerdote entraba una vez en el año para ofrecer un sacrificio de sangre. En el exterior de este recinto estaba el patio donde adoraban los judíos. Ellos estaban separados del patio de las mujeres. En el exterior estaba el patio de los gentiles. Esta sección era para la gente que creía en el Dios de la Biblia, pero que no habían sido circuncidados. Se había construido un muro de piedra que mantenía aparte a esta gente y protegía a los judíos que estaban dentro. Pablo explicó que la sangre de Cristo acerca a la gente a Dios, aun a los gentiles, y que la redención cambia nuestras relaciones. Él escribió:

> "Porque Cristo es nuestra paz: de los dos pueblos ha hecho uno solo, derribando mediante su sacrificio el muro de enemistad que nos separaba, pues anuló la ley con sus mandamientos y requisitos. Esto lo hizo para crear en sí mismo de los dos pueblos una nueva humanidad al hacer la paz, para reconciliar con Dios a ambos en un solo cuerpo mediante la cruz, por la que dio muerte a la enemistad" (Efesios 2:14–16).

En Cristo no hay cristiano superior ni inferior, los de adentro ni los de afuera. El muro que separaba las razas en la Palestina del primer siglo era la práctica de la circuncisión, pero la gracia de Dios derribó ese muro. En una dramática y hermosa descripción poética del poder del sacrificio de Cristo por todos nosotros, Pablo explicó que todo prejuicio, arrogancia, y sentimiento de superioridad han sido crucificados. Cuando realmente entendemos el perdón que hay en la gracia de Dios, su amor fluirá de nosotros, aun hacia aquellos que una vez despreciamos. Ese es el poder de la maravillosa gracia de Dios.

En Cristo no hay cristianos superiores ni inferiores, los de adentro ni los de afuera.

En la actualidad, todavía tenemos muros divisorios en nuestra cultura y en nuestras iglesias. Nos sentimos más cómodos con "gente de nuestra propia clase", y suponemos que la gente de otras culturas preferiría estar con gente como ellos. Puede que no *aborrezcamos* a la gente de raza negra, a los hispanos, a los asiáticos, y a otros grupos étnicos, pero con frecuencia *toleramos* la sospecha, la división, y la distancia. En la mayoría de las iglesias no estamos en forma activa y efectiva derribando los muros entre nosotros y los otros.

Hemos mirado en retrospectiva al llamamiento de Abraham, la oración del salmista, el modelo de Jesús y las decisiones de la iglesia primitiva. Sin embargo, es instructivo mirar hacia delante. Algún día, los muros de separación entre las razas y las culturas serán completamente derribados. En los nuevos cielos y la nueva tierra, todos nos uniremos al coro de voces para adorar al Cordero. En Apocalipsis, Juan nos da una vislumbre de aquel día. Todos los creyentes cantarán el cántico del Cordero:

"Digno eres de recibir el rollo escrito

    y de romper sus sellos,

    porque fuiste sacrificado,

    y con tu sangre compraste para Dios

    gente de toda raza, lengua, pueblo y nación.

De ellos hiciste un reino;

    los hiciste sacerdotes al servicio de nuestro Dios,

    y reinarán sobre la tierra" (Apocalipsis 5:9,10).

Éste es el cuadro que vemos cuando el muro divisorio es derribado en nuestra relación con los demás creyentes. Y algún día eso será una gloriosa realidad.

A veces oigo a algunos pastores decir: "Dios no ve el color". Esa no es la realidad. Cuando estemos ante Él en la gloria, mantendremos nuestras características culturales. Veremos cada color, oiremos cada idioma, y veremos toda la gran gama de costumbres. Toda la gran diversidad creará una bella armonía de alabanza a Jesús.

¿Cuáles son los muros divisorios en nuestras iglesias? ¿Cómo se siente la gente de color cuando entran por nuestras puertas? ¿Qué es lo que separa a los de adentro de los de afuera? ¿Cuáles de estas actitudes divisivas son abiertamente racistas, y cuáles son de tipo más benigno? ¿Cuál es el costo de tomar la iniciativa de amar, acoger, y aceptar a personas de otras culturas?

Estas no son preguntas de fácil consideración, pero son esenciales si es que queremos seguir el ejemplo de Jesús.

Un riesgo que vale la pena

Si tenemos la intención de hacer su voluntad, Dios nos da un aliento inesperado. Varios años atrás, una maravillosa pareja de nuestra iglesia, Rick y Kay McCrary, me trajeron un regalo de cumpleaños. Cuando abrí la caja, encontré una escultura de un vaquero tejano que obviamente cabalgaba contra el fuerte viento. Su mano enguantada sostiene un lado de su chaqueta frente a su rostro para protegerlo de la hiriente arena, y su pañuelo está volando desde su cuello por sobre el hombro. En su rostro hay una mirada de esperanza y determinación. La inscripción sobre la placa de bronce en la parte inferior de la escultura dice: "Contra el viento".

Rick vio en mi rostro la expresión de agrado cuando saqué la escultura de la caja. Él dijo: "pastor George, cuando vimos esto, pensamos en usted. Es una representación de su vida y de su entrega a Cristo. Usted siempre está dispuesto a ir contra el viento. Esperamos que le guste".

Respondí: "Nunca antes recibí un obsequio tan significativo. Siempre lo apreciaré y recordaré su bondad al dármelo".

La escultura ocupa un importante lugar en mi oficina. Simboliza el trascurso de mi vida.

Mi esperanza para usted

Las actitudes de superioridad ofenden el corazón de Dios. Debemos identificar las barreras, y después enfrentarlas con valor, y suprimirlas con el amor redentor de Cristo que nos mueve a la acción. Espero que mientras lee este libro, llegue a entender que la cultura y el color de la piel no determinan el valor de las personas. A los ojos de Dios, toda persona tiene valores inherentes. Jesús murió por cada ser humano, y su sacrificio muestra lo mucho que Dios nos ama. Irónicamente, algunos cristianos viajan a otros continentes para compartir el evangelio, pero se muestran poco dispuestos a invitar a su iglesia o a su hogar a un vecino de otra cultura.

Lo que es importante para Dios debe ser importante para nosotros. Él tiene cuidado de todas las personas, y en efecto, las Escrituras nos indican que Él favoreció a los marginados, los enfermos, los ciegos, y los extranjeros. Jesús se desvivió para tocar a nuestra cultura viciada y caída, con el fin de mostrar su amor y establecer una relación con nosotros. Si decimos que le conocemos, con toda seguridad podemos cruzar la calle o ir al otro lado de la ciudad para alcanzar a las personas que Él ama.

Nuestro amor por otros creyentes es la señal más clara para el mundo de que la presencia y el poder de Cristo realmente marcan la diferencia en la vida de una persona. Los grandes edificios y la fantasía de las celebraciones pueden impresionar a algunas personas, pero el mundo está esperando algo más: auténtico amor. Jesús dijo a los suyos: "Este mandamiento nuevo les doy: que se amen los unos a los otros. De este modo todos sabrán que son mis discípulos, si se aman los unos a los otros" (Juan 13:34,35). ¿Qué es lo que ven "todos" cuando miran la manera en que amamos a los demás? ¿Ven ellos preferencia y prejuicio, o ven que derribamos barreras para preocuparnos de la gente de color y de otros que se sienten desatendidos o criticados?

Creo que la gente responderá de tres maneras al desafío de este libro:

Algunos se conectarán instintivamente con el corazón de inclusión de Dios.

Ellos casi gritarán: "Yo sabía que estaba bien alcanzar y amar a la gente de color, pero no sabía cómo hacerlo. Gracias por ayudarme. ¡Estoy listo para ir!"

Si esa es su respuesta, que Dios lo bendiga. Aprecio su buena voluntad y su valentía para hacer cambios. Este libro tiene la intención de darle instrucciones conforme usted dé pasos para alcanzar a la gente de color, y le ofrecerá consejo que lo ayude a enfrentar la inevitable oposición de aquellos que aun no han sido capturados por el corazón de Dios.

Algunos se sentirán confundidos.

Todo lo que ellos han visto es una iglesia monocromática, y no están seguros de que sea posible, o siquiera deseable, establecer relaciones con gente de otras culturas. Es más fácil permanecer a un lado y observar.

Si esto describe su propia respuesta, dedique tiempo a pensar, orar, y hablar con personas que están dando pasos para establecer relaciones con gente de otras culturas. Si usted está sinceramente confundido, Dios proveerá respuestas. Si su confusión es un mecanismo de defensa para evitar encarar la verdad y dar pasos hacia delante, pida a Dios que le dé valentía.

Algunos se enojarán.

La idea de superioridad está tan arraigada en el corazón de algunas personas que se sienten completamente justificados para excluir a la gente de color. Ellos declaran que gente como yo es "liberal", o "blandos", o "bonachones", o alguna otra designación.

Si a usted le molesta la idea de establecer puentes de amor para alcanzar a la gente de color, por favor continúe leyendo el libro. Pida a Dios que hable a su corazón, y que éste permanezca abierto al susurro y al desafío del Espíritu. Yo confío que Dios obrará en su vida, de tal manera que usted tendrá la misma experiencia de transformación de vida que yo he tenido.

Durante años he tenido la buena intención de alcanzar a cada persona de nuestra comunidad, pero no he dado los pasos necesarios. Puedo citar una buena cantidad de razones para mi pasividad, pero ninguna de ellas impresiona a Dios. Cuando el Señor habló a mi corazón aquella noche en el Concilio General en Indianápolis, yo supe que era tiempo de cambiar. Al mismo tiempo, Dios me dio una promesa que ha guiado mi vida y ministerio desde aquel día: Si yo alcanzaba a la gente a la que nadie quiere, Dios también traería a nuestra iglesia a muchas de las personas que todos los líderes quieren tener en su congregación. Dios ha cumplido esta promesa una y otra vez.

El llamado de Dios en el Antiguo Testamento, el ejemplo de Jesús, y la clara enseñanza de Pablo, me muestran que el asunto de la inclusión no es una tangente en el reino de Dios. Es el centro de su corazón.

¿Está también en el centro de su corazón?

Al final de esta introducción, y de cada uno de los capítulos, he incluido unas pocas preguntas para ayudarlo a aplicar los conceptos. Si usted está en un equipo de liderazgo o en la directiva de la iglesia, o en un grupo pequeño, puede usar estas preguntas para motivar al diálogo.

Considere lo siguiente:

1. En su comunidad y en su iglesia, ¿cómo han cambiado las relaciones raciales (o no han cambiado) desde antes de los movimientos de derechos civiles hasta hoy, especialmente en los últimos años?

2. En el tiempo en que usted estaba creciendo, ¿cuál era el punto de vista de su familia respecto a otras razas y culturas? ¿De qué modo cree usted que los puntos de vista de sus padres dieron forma a sus propias percepciones?

3. ¿Cuál de los marcos bíblicos—inclusión en el Antiguo Testamento (el llamado de Abraham y las profecías de Isaías acerca del Mesías que alcanza a todas las naciones), el ejemplo de Jesús al preocuparse por los marginados, o la enseñanza de Pablo respecto al muro de separación—es el que mejor se apalica a su situación? Explique su respuesta.

4. ¿Qué clase de persona es usted? ¿Resuena en su corazón el mensaje de inclusión? ¿Se siente usted confundido? ¿Le disgusta la sugerencia de que la inclusión es idea de Dios? ¿Cómo piensa responder a Dios respecto a este asunto?

5. ¿Qué espera obtener usted de este libro?

I

Invisible

Después de la muerte de Vanessa, resultó muy difícil ser el pastor de la iglesia en Fort Worth. Los penosos recuerdos estaban muy frescos. Cada habitación de nuestra casa nos recordaba a Gwen y a mí de nuestra querida hija, y los recuerdos de ella invadían nuestra mente cada día. El corazón de ella y el mío estaban quebrantados, pero queríamos seguir adelante. Estábamos convencidos de que Dios es bueno, soberano, y sabio, aun cuando no pudiéramos verlo ni sentirlo. Nuestra fe había sido sacudida, pero sus fundamentos todavía estaban firmes.

Pocos meses después del funeral recibí una llamada del pastor W.C. Mangrum, presbítero de la sección sur de Dallas. Él dijo que una dama llamada Joyce McDowell lo había llamado con cierta insistencia. Pocos años antes ella y su marido habían estado en nuestra iglesia en Plainview en calidad de evangelistas invitados. Los McDowell residían en Irving, y su iglesia local necesitaba un pastor. Ella le dijo al presbítero que estaba segura que yo era la persona indicada para esa responsabilidad. Entonces W. C. Mangrum me dijo: "Don, estoy seguro de que tú no deseas esta iglesia pequeñita. Lo que tú estás haciendo en Fort Worth es extraordinario, ¡pero esta dama me está volviendo loco con sus llamados, y siempre el asunto es el mismo! ¿Querrías al menos orar respecto a esta posibilidad? Para que me deje tranquilo, le prometí que te llamaría; la iglesia es Calvary Temple".

Joyce McDowell no se conformó con llamar al presbítero. También me llamó a mi. En este momento difícil de mi vida, me preguntó si estaría dispuesto a ser un pastor candidato para la iglesia a la cual ella pertenecía. Dios había preparado mi corazón para un cambio, de modo que Gwen y yo viajamos unas pocas millas hasta Irving, en busca de la voluntad de Dios para nuestra vida. Queríamos saber si sentíamos alguna atracción por Irving.

Irving era, según pude darme cuenta, el centro del desarrollo del metroplex de Dallas-Fort Worth. Se trataba del año 1972, ¡y esa área estaba a punto de experimentar un desarrollo fenomenal! Durante años el equipo de fútbol de los Dallas Cowboys había jugado en el Cotton Bowl del centro de Dallas, pero ahora estaban inaugurando su nuevo estadio en Irving. El equipo de béisbol de los Texas Rangers estaba en pleno traslado desde Washington D.C. al metroplex de Dallas-Fort Worth. El nuevo parque de béisbol de los Texas Rangers sería construido en Arlington, unas pocas millas al sur de Irving. Pero la mayor de las noticias de esa región era la gran inauguración del aeropuerto de

DFW, justo al oeste de Irving. Habría de ser el aeropuerto más grande del mundo. Estos tres acontecimientos estaban ocurriendo casi simultáneamente, e Irving era el epicentro de todo ello. Me di cuenta de que las empresas se trasladarían a esa región, que se construirían allí nuevas viviendas para los millares que irían a trabajar al lugar, y que la gente necesitaría una gran iglesia que los acogiera. De pronto, la visión que Dios me había dado cuando era pastor en Plainview pareció mucho más prometedora. ¡Irving necesitaría una gran iglesia!

Mientras yo oraba respecto a un traslado a Irving, Gwen y Jack Pruitt, mi amigo de mucho tiempo, me suplicaban que me quedara en Fort Worth. En mi calidad de candidato al pastorado, prediqué un mensaje en Calvary, y Dios tocó mi espíritu de una manera muy profunda, para confirmar su llamamiento a esta iglesia. De modo que, a pesar de las objeciones de dos personas cuyo consejo yo tenía en gran estima, me sentí movido por Dios para aceptar el cargo, si es que me era ofrecido. Cuando la iglesia me eligió como pastor, acepté de inmediato el llamado. Eso significó una rebaja considerable en mis ingresos, pero eso no me importó. Yo sabía que tenía que obedecer el inequívoco llamado de Dios. Gwen y yo nos trasladamos a Irving unas pocas semanas más tarde.

Mi primer domingo en calidad de pastor electo en Calvary, la asistencia fue de cincuenta y nueve personas. Ellos se sorprendieron cuando declaré que yo creía que Dios nos permitiría construir una gran iglesia para por lo menos unas 10.000 personas. Estoy seguro de que para algunos esto sonó poco menos que un sueño imposible. Yo no sabía cómo cumpliría Dios este desafío, pero estaba convencido de que Dios cumpliría la visión que había puesto en mí.

Nuevos sueños

Cuando llegué a Irving, Dios dio rienda suelta a mi espíritu para que soñara sueños todavía mayores que cualquier otro que hubiera tenido antes. Leí acerca del ministerio de Jerry Falwell en Lynchburg, Virginia. Él estaba usando un ministerio de bus para alcanzar a la gente de su comunidad. Tuve la sensación de que el ministerio de bus podría funcionar también en Irving. Tres amigos, Quentin Edwards, Tommy Burnett, y Dan Sheaffer, estaban usando estrategias innovadoras para atraer gente a sus respectivas iglesias. Los cuatro soñamos y pusimos en acción planes en nuestra iglesia, y Dios hizo que la gente entrara a su reino.

Sin embargo, mis grandes planes estaban asociados a un presupuesto muy limitado. Calvary Temple no tenía fondos para proyectos caros y para elaborados esfuerzos de mercadeo. Yo tenía que hallar una manera

> En ese punto, Dios me dio una estrategia sencilla y barata para llegar a la gente; era sencillamente golpear puertas y conversar personalmente con la gente.

de conectarme con la gente sin gastar dinero que no teníamos. En ese punto, Dios me dio una estrategia sencilla y barata para llegar a la gente; era sencillamente golpear puertas y conversar personalmente con la gente. Hice el compromiso de visitar personalmente 500 hogares cada semana. Cada lunes por la mañana escribía a máquina o a mano, en la mitad de una hoja de papel, los eventos y la hora de los cultos de Calvary Temple durante la siguiente semana. Estos no eran volantes a todo color, ni en papel fino, ni con diseño profesional. Eran tan sencillos como la estrategia de golpear puertas cada lunes por la mañana. Llevaba estos sencillos volantes a una imprenta cercana y los preparaban en atados de 100 ejemplares. Cada día, de lunes a viernes, yo me daba el trabajo de visitar 100 hogares. Si la gente estaba en casa, les hacía saber que estaba interesado en ellos y les invitaba a nuestra iglesia para que tuvieran un encuentro con Jesús. Si no había nadie en casa, dejaba la hoja de promoción en la puerta.

Yo deseaba visitar la vecindad próspera de Las Colinas, pero Dios me dirigió específicamente a la gente más necesitada de Irving. Sin embargo, un día, ante la insistencia de Mabel Cooper, una antigua miembro de Calvary, hice una visita de excepción a la casa de un importante abogado, Dennis Brewer, cuya suegra había sido pastora en otro tiempo de una pequeña iglesia en Irving. Mabel me convenció de que sería "un triunfo personal para nuestra iglesia" si yo ganaba para Cristo a un ciudadano importante y si éste comenzaba a asistir a nuestra iglesia. Cuando detuve mi vehículo frente a la casa de Brewer, el Espíritu me dijo "¡No!" Dios me dio una poderosa sensación de que debía encender el motor de mi vehículo e ir a una vecindad de las más pobres. Dios me habló de que no era el tiempo todavía de que yo llegara a la familia Brewer.

En esos años, había aproximadamente unos cien mil habitantes en Irving, y la mayoría de ellos eran blancos.

Mis andanzas por los alrededores de Irving me pusieron en contacto con millares de personas. Yo no me apuraba por distribuir los cien volantes cada día. Sabía que cada conversación tomaría tiempo, pero me permitía comenzar una auténtica relación que podría marcar la diferencia en el destino eterno de una persona. Algunos tomaban un volante, me daban las gracias, y cerraban la puerta, pero otros me trataban como un amigo al que hacía tiempo que no veían.

Algunas personas de mente brillante escriben libros académicos acerca de evangelismo, pero en realidad no es tan complicado. No se necesita un doctorado en sociología o en psicología. Todo lo que usted necesita es el deseo de conectarse con la gente y de compartir las noticias más maravillosas que ellos hayan escuchado. Si usted habla con la gente, Dios le usará para tocar el corazón de ellos. Cuando iba de puerta en puerta, sencillamente decía: "Soy J. Don George, pastor de Calvary Temple. Queremos que Calvary sea 'la iglesia que se edifica en el amor'.

Aquí tiene una hoja con las reuniones de la semana. Me alegraría mucho verle en la iglesia este domingo". También les hablaba de nuestro ministerio de transporte en el bus, y les ofrecía que cada domingo en la mañana sus niños podrían aprovechar este ministerio para ir a la iglesia. Siempre les explicaba que si ya tenían una iglesia, debían seguir fieles allí, pero que podían guardar el volante en caso de que necesitaran nuestra ayuda. Por lo general, terminaba la conversación diciendo: "Si alguna vez necesita una iglesia que esté llena del amor de Dios, hágamelo saber. Aquí estaremos para servirle".

Mis días de recorrer las vecindades de Irving se convirtieron en semanas, y luego en meses. Anduve por esas calles durante tres años, y nuestra iglesia creció sencillamente porque me conecté con la gente y los invité a que asistieran. Los sábados visitaba el hogar de quienes habían venido por primera vez el domingo anterior.

Mi estrategia de visitar 500 hogares a la semana no tenía como fin impresionar a nadie (en realidad, pienso que algunos me creían loco), ni fue una manera rápida y fácil de hacer crecer una iglesia. La visitación casa por casa fue sencillamente la manera que Dios me señaló para tocar las vidas de las personas en Irving. Fue el Señor quien me dio la estrategia, y yo seguí sus indicaciones.

Durante este tiempo, Dios me mostró otras dos estrategias que tal vez puedan parecer no muy prometedoras. En dos albergues para indigentes, los miércoles en la mañana tuve oportunidad de presentar un devocional, cantar algunos cantos evangélicos, y compartir el amor de Jesús con personas solitarias y olvidadas por todos. Una vez más, esta no fue una nueva ni dinámica estrategia para el crecimiento de la iglesia. Fue simplemente una oportunidad que Dios me dio de conectarme con gente marginada por la sociedad para compartir su amor con ellos. Estas personas no acudirían a nuestra iglesia los domingos por la mañana, y no estarían entre los que ofrendan. Fue motivo de gozo para mí que Dios me usara para que la gente conociera su bondad y su amor. El Señor también abrió una puerta para que los jueves en la mañana diera charlas devocionales en un banco de la ciudad, el Southwest Bank and Trust Company. El presidente del directorio del banco, Wre Sutherland, me invitó para que compartiera los devocionales semanales. Dios me dio gran favor en ese lugar. Cada jueves, durante varios años, hablé al grupo de gerentes y funcionarios del banco, antes de que iniciaran sus actividades del día.

Mis visitas a los hogares de ancianos y al banco fueron parte esencial de la ley de la cosecha en Calvary: sembramos la semilla y obtuvimos una cosecha. En efecto, muchas veces cosechamos en áreas muy distantes de donde sembramos la semilla de la gracia y del amor. Personas que nunca estuvieron en uno de esos devocionales de los miércoles o de los jueves, supieron lo que yo estaba haciendo, y quisieron unirse a una iglesia en donde el amor de Dios se entregaba de manera tan desinteresada.

Si había alguna oportunidad para conectarse con gente en Irving, yo la aprovechaba. Compré espacio para instalar un kiosco de la iglesia en un evento cívico muy concurrido: Jaycee Community Fair. Yo sabía que no tendríamos una iglesia grande si esperábamos que la gente viniera a nosotros. Debíamos ir a ellos y encontrarlos en su ambiente. Solamente entonces podríamos ganar el respeto y la confianza de ellos.

Paulatinamente, más personas llegaron a Calvary Temple. Cuando la iglesia comenzó a crecer, compré quince minutos diarios de transmisión en las estaciones de radio locales, de modo que pudiéramos compartir las verdades de la Biblia y cómo aplicarlas a la vida diaria. La gente todavía llegaba, pero ya la suela de mis zapatos no se gastaba como antes. Ahora podía tocar el corazón de millares de personas cada día, con el solo hecho de que ellos encendieran su receptor de radio. Repentinamente, fueron muchas más las personas que llegaron a las puertas de Calvary. Yo me había acercado a la gente *necesitada*, y ahora la gente de *buena situación* estaba llegando a nuestra iglesia. La visión de Dios estaba comenzando a tomar forma.

Los pastores y otros líderes de la iglesia no son personas poderosas. La autoridad y la lealtad se obtienen al ganar el corazón de la gente. En años pasados, la gente permanecía en su iglesia sin importar lo que sucediera, pero hoy la mayoría de las personas tiene una mentalidad de consumidor, y cuando quieran irán a otra iglesia. Siempre han sido importantes la autenticidad, el amor, y el carácter, pero hoy son los únicos elementos que aseguran la participación de la gente. Para ganar el amor y la lealtad de las personas se requiere de tiempo, constancia, y eficacia. La gente está al acecho, como el halcón. Ellos quieren ver cómo es el pastor, lo que hace, y cómo trata a la gente. No se dejan impresionar por palabras huecas; quieren ver los valores que él representa cada día. Luego, estarán dispuestos a escuchar, responder y seguir su ejemplo. Así, Dios usará este "equipo de hermanos y hermanas" para cambiar la comunidad.

Cambio gradual

Durante casi dos décadas, Irving y las comunidades aledañas crecieron rápidamente. Algunas grandes corporaciones trasladaron sus oficina principal al sector cercano Las Colinas, y en Irving, las comunidades residenciales y las empresas de la comunidad experimentaron un gran desarrollo. Aun la población era mayoritariamente monoracial. En 1977, DART [sistema de transporte rápido de la ciudad de Dallas] conectó nuestra sector con la ciudad. Mucha gente de color que trabajaba en Irving viajaba en tren todos los días, aunque vivían, hacían sus compras, e iban a iglesias en Dallas. Sin embargo, Calvary era todavía una iglesia mayormente de gente blanca.

Paulatinamente, los habitantes de Irving y de la región circunvecina comenzaron a experimentar cambio. Gran parte de la gente de color que había usado el sistema de conexión rápida para movilizarse se dio cuenta de que era mucho más sensato vivir cerca de su lugar de trabajo. A principios de los 90 hubo un cambio cultural—pero yo no lo noté. Yo estaba demasiado preocupado con "cosas más grandes y mejores".

Nuestra iglesia estaba en proceso de expansión. Construimos un nuevo edificio, y pronto estuvo más que lleno. Tuvimos que mudarnos a la escuela secundaria MacArthur, hasta que se construyera un nuevo templo en la carretera al aeropuerto. Este templo tenía una estructura magnífica —un edificio blanco resplandeciente con una cruz dorada de diez metros sobre una torre de oración de dieciséis pisos. Yo estaba seguro de que atraería a millares de personas. Era objeto de admiración en la ciudad. Al mismo tiempo, yo estaba en la directiva de Jimmy Swaggart y en la directiva del Club PTL de Jim Bakker. Con frecuencia ellos me incitaban a hablar en sus reuniones y en la televisión, de modo que nuestra iglesia comenzó a recibir notoriedad regional y nacional.

Dios estaba haciendo cosas maravillosas en nuestra iglesia. Dennis Brewer, el abogado que yo había tratado de visitar algunos años antes, llegó a Cristo de un modo milagroso, y Dios cambió su vida. Millares de personas respondieron a la gracia de Cristo y creyeron en Él. Cuando teníamos necesidad financiera, Dios tocaba el corazón de las personas y ellos daban su ofrenda con alegría. Cada vez que crecíamos y que necesitábamos un lugar más espacioso, Dios preparaba el camino para la venta de nuestro anterior edificio, de modo que podíamos comprar una nueva propiedad y construir lo que necesitábamos. Durante dieciséis años experimentamos un crecimiento extraordinario: el número de personas que venían a Cristo y que ofrendaban, el número de miembros de personal, y el respeto de la comunidad. Crecimos de cincuenta y nueve miembros ese primer domingo de 1972, a tres mil quinientos miembros y asistentes activos dieciséis años más tarde.

Yo estaba seguro de que ese era el centro mismo de la voluntad, de la obra, y del poder de Dios, pero fracasé porque no entendí lo que estaba sucediendo a mi alrededor. Yo siempre había tenido un corazón sensible a la gente de color, pero cuando ellos se trasladaron a nuestra comunidad, yo estaba tan ocupado "haciendo la obra de Dios" que ni siquiera me fijé en ellos. Estábamos creciendo, yo era miembro de importantes directorios, y cada año Dios estaba añadiendo centenares a nuestra congregación. El otro aspecto en que fracasé fue en notar el impacto negativo de la arquitectura de nuestra iglesia.

Yo siempre había tenido un corazón sensible a la gente de color, pero cuando ellos se trasladaron a nuestra comunidad, yo estaba tan ocupado "haciendo la obra de Dios" que ni siquiera me fijé en ellos.

El gran edificio blanco con la enorme cruz y la espiral eran un repelente para la gente de color. Ellos no se sentían bienvenidos en una iglesia como esa, de modo que no entraban. Estábamos atrayendo a gente de otras iglesias, pero no atraíamos a gente que necesitaba al Salvador.

De modo que . . . fracasé en dos importantes maneras: no vi a la gente de color cuando los tuve frente a mí, y nuestro edificio los alejaba. Por estas dos razones, los negros y los hispanos fueron invisibles para mí durante ese tiempo.

Ciego

Puedo buscar una cantidad de excusas de no haber alcanzado a la gente de color durante los años de rápido crecimiento de nuestra iglesia. No había muchos en nuestra comunidad, y si yo me hubiera esforzado por alcanzarlos pude haber ofendido a los pastores negros e hispanos de la ciudad. Pero el penoso hecho es que aun cuando ellos estaban allí, yo no los vi. Yo estaba absorto en que nuestra iglesia creciera al máximo y lo más rápido posible, ¡y eso estaba sucediendo! Sencillamente yo no necesitaba gente de color para cumplir la visión que pensaba que Dios me había dado.

No estoy seguro de cual fue la razón de que no notara el cambio que experimentó la población de Irving durante esos años. Mis hijos ya habían salido de la escuela secundaria, de modo que yo no iba a actividades ligadas a la escuela, donde habría tenido una visión más clara de nuestra comunidad. Pero participaba en una serie de otras actividades donde pude haber tenido una visión de que nuestra comunidad estaba adquiriendo una diversidad de tonalidades.

Yo siempre predicaba que Calvary daba la bienvenida a todas las personas que desearan venir, pero no estaba tomando la iniciativa de ir a ellos e invitarlos a venir. Yo esperaba que vinieran, pero eran muy pocos los que venían de propia iniciativa. Yo no tenía idea de que ellos se sentían amedrentados por nuestro edificio. Cuando diseñamos el templo, yo estaba muy entusiasmado con la resplandeciente blancura del exterior y con la imponente torre de oración y la magnífica cruz dorada. ¡Parecía como un sueño hecho realidad! El primer año, añadimos 500 personas. Pensé que estábamos ganando almas para Cristo. No me di cuenta de que casi todos venían de otras iglesias. En vez de "buscar y salvar" a los "pequeñitos", el edificio de nuestra iglesia se convirtió en un poderoso imán de efecto inverso, pues los repelía.

Cuando miro en retrospectiva ese tiempo en la historia de nuestra iglesia y de mi liderazgo, puedo detectar también otra falencia: yo no oraba de manera específica y diligente que gente de color llegara a nuestra iglesia. Yo oraba por crecimiento, oraba que la gente confiara en Cristo, y oraba por unas cuántas cosas más, pero no le pedía a Dios que hiciera de nuestra iglesia una especie de gran caleidoscopio de colores y culturas.

No es suficiente tener el *corazón* de Dios para todas las personas. También necesitamos tener los *ojos* de Dios para ver a todas las personas de la comunidad. Con mucho orgullo, yo afirmaba que éramos una iglesia inclusiva, pero eso era solamente de labios. Cuando finalmente desperté, noté que los negros, los hispanos, y los asiáticos ya no vivían sólo en sus propias comunidades. Se habían integrado y estaban en cada calle de nuestra comunidad. Me llevó un buen tiempo notarlos, pero ellos habían estado allí por años.

> Yo oraba por crecimiento, oraba que la gente confiara en Cristo, y oraba por unas cuántas cosas más, pero no le pedía a Dios que hiciera de nuestra iglesia una especie de gran caleidoscopio de colores y culturas.

Como líderes, tal vez quisiéramos disculparnos por nuestra ceguera, pero hay un precio que pagar. Dios toma en cuenta nuestro pecado de omisión del mismo modo como el de comisión. En Jueces, la canción de Débora nos dice:

"Maldice a Meroz"—dijo el ángel del Señor—.

"Maldice a sus habitantes con dureza,

porque no vinieron en ayuda del Señor,

en ayuda del Señor y de sus valientes" (Jueces 5:23).

Meroz era una hermosa ciudad de las montañas. Estaba cerca de un paso estratégico que usaban los ejércitos.

Cuando un ejército enemigo invadió a Israel, los líderes de Meroz pudieron haber cerrado el paso y haber salvado a la nación, pero no lo hicieron. Cuando sus vecinos estaban sufriendo, ellos no levantaron un dedo para socorrerlos. La gente de Meroz dijo: "No era nuestra guerra. ¿Por qué habríamos de involucrarnos?"

La condenación de Dios para Meroz fue severa y justa. Ellos pudieron haber presentado una docena de excusas, pero Dios no habría aceptado ninguna de ellas. Esa es todavía la posición que Él adopta.

Kitty Genovese iba camino a casa una fría noche del 13 de marzo de 1964, en Nueva York. Cuando estaba a unos treinta metros de su departamento, un hombre la atacó con un cuchillo. Ella corrió y él le dio alcance en un lugar de estacionamiento. Allí él le dio dos puñaladas en la espalda. Ella gritó, "¡Oh mi Dios! ¡Estoy herida! ¡Ayúdenme!" Varios vecinos oyeron el grito, pero nadie salió a ayudarla en el momento crítico del ataque. El atacante se retiró corriendo, y Genovese se arrastró hasta la entrada del edificio de departamentos. Unos treinta minutos más tarde, el atacante regresó. Él buscó por los alrededores, y finalmente la encontró. Ella estaba semi inconsciente en uno de los pasillos. Él le dio varias puñaladas más, y luego, cuando ella estaba muriendo, la violó. Le robó cuarenta y nueve dólares y escapó. Varias personas oyeron sus gritos y súplicas esa noche, pero solamente dos le ofrecieron alguna ayuda—no fue suficiente para ayudarla después del primer ataque o para impedir las heridas fatales. Los sociólogos han estudiado el crimen durante años para descubrir la razón de que la gente "no quiso involucrarse". Sean cuales fueren las razones, ellos permitieron que una inocente joven sufriera una muerte horrible, y le negaron ayuda.[2]

Lamentablemente, la historia de Kitty Genovese no es única. La apatía corroe la compasión e impide la acción eficaz para proteger al inocente y ayudar al necesitado. ¿Qué nos diría Dios hoy respecto a la manera en que nos despreocupamos de nuestro prójimo? No es suficiente decir: "No me di cuenta de su necesidad", "Yo estaba demasiado ocupado", o "¿Qué importancia tiene?" Como líderes, se supone que nosotros debiéramos tener conocimiento de la condición de nuestra congregación . . . y de aquellos que pudieran unirse a nuestra congregación. El profeta Amós reprochó a los líderes:

> ¡Ay de los que viven tranquilos en Sion
>
> > y de los que viven confiados
> >
> > en el monte de Samaria!
>
> ¡Ay de los notables de la nación más importante,
>
> > a quienes acude el pueblo de Israel!" (Amós 6:1).

Cuando fracasamos en hacer la tarea a la que Dios nos ha llamado, experimentamos en alguna medida su maldición. La enseñanza de las Escrituras es clara. La apatía y el conformismo pueden parecer completamente razonables, pero nos impiden ser fieles a Dios y a su causa. La parábola de las diez vírgenes censura a las cinco que no compraron aceite para sus lámparas sino hasta que fue demasiado tarde. El joven gobernante rico pensaba que su vida era como un regalo muy bien presentado, pero le faltaba la esencial devoción a Dios y la preocupación por los menesterosos. En otra parábola, un hombre rico invitó a cierta gente a una gran fiesta, pero hubo tres que presentaron sus excusas. Uno dijo que necesitaba ver un terreno que había comprado recientemente. Él tenía una excusa de *negocios*. Otro insistió en que tenía que ver los bueyes que se usaban en su campo. Este tenía una excusa *práctica*. El tercero explicó que se había casado recientemente, y que tenía que pasar ese tiempo con su esposa. La suya era una excusa *doméstica*. El dueño de casa dijo a su siervo, "Ve por los caminos y las veredas, y oblígalos a entrar para que se llene mi casa. Les digo que ninguno de aquellos invitados disfrutará de mi banquete" (Lucas 14:23,24). El precio de las excusas es muy alto. En este caso, se trata de quedar excluido del gran banquete al fin del tiempo, cuando Dios reúna a sus fieles seguidores para que celebren con Él su gloriosa gracia.

Unas pocas personas, valientes y bondadosas, son elogiadas en la palabra de Dios. Cuando varios millares de personas que escucharon a Jesús tuvieron hambre, un niño ofreció lo único que tenía: una merienda de par de panes y unos pocos pececillos. Fue suficiente. Conocemos la historia del buen samaritano porque Jesús mostró cómo un menospreciado extranjero estuvo dispuesto a ofrecer su vida, su tiempo, y sus recursos por alguien que lo aborrecía.

Jesús es la expresión máxima de alguien que estuvo dispuesto a darse Él mismo. Él vio nuestra necesidad y actuó. Él no simplemente arriesgó su vida: Él la dio. Enfrentó la burla, el rechazo, la humillación, y la misma muerte, pero jamás se excusó. Jamás tomó el camino fácil de la negación. Su amor lo impulsó a dar todo lo que tenía—aun su misma sangre—por causa de gente ingrata, pecadora, y desobediente. Para animar a los Corintios a dar para los que sufrían por causa de una hambruna, Pablo les recordó: "Ya conocen la gracia de nuestro Señor Jesucristo, que aunque era rico, por causa de ustedes se hizo pobre, para que mediante su pobreza ustedes llegaran a ser ricos" (2 Corintios 8:9).

> Su amor lo impulsó a dar todo lo que tenía—aun su sangre misma—por causa de la gente ingrata, pecadora y desobediente.

Pienso en la antigua canción de Andraé Crouch, que describe la maravilla del sacrificio de Jesús. El estribillo de la canción dice:

¿Dónde estaría yo si Jesús no me hubiese amado?
¿Dónde estaría yo si a Jesús no le hubiese importado?
¿Dónde estaría yo si Él no hubiera sacrificado su vida?
Oh, pero estoy feliz, tan feliz de lo que Él hizo.[3]

La experiencia de la gracia de Dios afecta nuestro corazón y nos asemeja más a Jesús, porque podemos amar a quienes no son como nosotros . . . y aun a aquellos que son nuestros enemigos. Cualquier prejuicio en nuestra vida afecta el corazón de Dios de la misma manera en que Jesús se sentía profundamente ofendido cuando los fariseos excluían y condenaban a los marginados de la sociedad. Nosotros conocemos la verdad. Se encuentra virtualmente en cada página de los evangelios y a través de toda la Biblia. Santiago nos advierte: "Así que comete pecado todo el que sabe hacer el bien y no lo hace" (Santiago 4:17).

¿Amamos a la gente de otras razas y de otras culturas de la manera en que Cristo nos ama? Él no esperó a que nosotros viniéramos a Él. Eso jamás pudo haber ocurrido. Él conocía nuestra desesperada situación, abandonó la comodidad del cielo, y pagó el precio total para rescatarnos del pecado y de la muerte. ¿Tanto nos cuesta cruzar la calle para comenzar una amistad?

Los intentos como mera fórmula no son suficientes. Algunos pastores y líderes de iglesia que lean estas palabras puede que exclamen: "Nosotros tenemos algunas personas de raza negra y algunos hispanos en nuestra iglesia. Estamos haciendo una labor de extensión. Esto es todo lo que podemos hacer. Es suficiente".

¿Es eso suficiente? ¿Es esa la invitación más potente que somos capaces de hacer? ¿Es amor que llega al sacrificio? ¿Hay una comprensión de estas culturas de tal modo que quitemos las barreras y establezcamos relaciones? Es fácil decir, "Es suficiente", pero ¿estamos entrando en forma activa, con oración y con amor al mundo de ellos de tal modo que podamos realmente conocerlos? Esa es la medida de nuestro sacrificio y amor.

En la iglesia, la conexión es más importante que el contenido. Si no estamos dispuestos a cambiar la música y los rostros que dirigen la adoración, estamos enviando un poderoso mensaje de que solamente cierta clase de personas son los de adentro. Es un mensaje poderodo y divisorio.

He hablado con muchos pastores que están contentos de decir que ellos han hecho algo para alcanzar a la gente de color, pero me gustaría preguntar a la gente de la comunidad de ellos si se sienten bien recibidos y comprendidos por estos pastores y en esas iglesias. Valorar a las personas significa mucho más que simplemente recibirlas de buena manera. Quienes vienen de otro lugar del mundo pueden sentirse bien recibidos, pero se requiere mucho más para que la gente confíe, se sientan profundamente comprendidos, y aprendan a confiar los unos en los otros. La bienvenida es algo superficial; la comprensión y la confianza son experiencias profundas, ricas, y que cambian la vida—y de un alto costo. Se requiere valentía y sinceridad para reconocer que preferimos a quienes son de nuestra misma clase y el hecho de que nuestro prejuicio, muy superficialmente sepultado, mantiene alejados a aquellos por los que Cristo dio su vida.

> La bienvenida es algo superficial; la comprensión y la confianza son experiencias profundas, ricas, y que cambian la vida —y de un alto costo

Valentía para proceder de manera diferente

En ocasiones, un hombre, una decisión y un cambio, pueden significar una profunda diferencia para muchas personas. Sin embargo, el cambio no sucede por accidente. En toda esfera de nuestra cultura, los líderes tienen que dar el primer paso. Branch Rickey es conocido porque abrió la puerta del béisbol a los afroamericanos, pero son pocos los que saben que su carácter tuvo un profundo impacto en aquellos que lo conocieron. Rickey fue el entrenador principal de los Dodgers de Brooklyn en 1940. Desde la formación de la Liga Nacional en 1876, los dueños de los equipos y los entrenadores de la Liga Mayor del Béisbol se habían negado a contratar jugadores negros, y todos estaban de acuerdo en mantener las cosas de ese modo, con la excepción de Branch Rickey. En el verano de 1945, Rickey envió a su explorador jefe a Chicago para ver a un candidato cuyo nombre era Jackie Robinson. El explorador quedó impresionado, de modo que llevó a Robinson a Nueva York para que se entrevistara con Rickey. Los dos hombres tuvieron una franca discusión respecto a lo que significaría que un hombre negro fuese el primero de su raza en jugar en las ligas mayores. Rickey miró más allá de la extraordinaria habilidad atlética de Robinson, y vio algo todavía más importante: la tenacidad, la sabiduría, y la disciplina para soportar la ineludible oposición que enfrentaría por ser el primer jugador de raza negra. Rickey ofreció a Jackie un contrato, y éste lo firmó. Jugaría su primera temporada por el Montreal Royals, que era el club de la liga menor de los Dodgers. Si su desempeño era bueno, sería ascendido a la liga mayor el siguiente año.

En la temporada del año 46, Robinson tuvo una actuación sobresaliente y condujo a los Royals al campeonato de la Liga Menor de la Serie Mundial. En la primavera del 47 Rickey hizo planes para ascender a Robinson a los Dodgers. Para presentarlo a los jugadores, él planificó una serie de exhibición entre los Royals y los Dodgers. Los Dodgers jugaron, aun cuando menospreciaban al hombre negro que estaba en ascenso. Cuando oyeron rumores de que Rickey tenía planes de ascenderlo para que jugara en el equipo, tres de los jugadores escribieron una petición y la hicieron circular entre los demás del equipo. La petición decía que los firmantes exigían ser vendidos a otro equipo para no tener que jugar con un hombre negro.

Pero Rickey se mantuvo firme y Robinson se unió al equipo. Durante la siguiente década, Robinson se destacó en cada fase del juego, aun cuando tuvo que soportar provocaciones, comentarios racistas, y amenazas de parte de los jugadores contrarios y de los fanáticos en cada estadio del país. El compás moral de Branch Rickey cambió el curso del béisbol y dejó una impronta indeleble en la cultura nacional, al mismo tiempo su valor espiritual lo capacitó para soportar la viciosa oposición de la gente disconforme. En el funeral de Rickey, el 9 de diciembre de 1965, hubo millares de admiradores. Uno de ellos fue Bobby Bragan, uno de los tres jugadores que firmaron la petición para que Robinson fuera excluido del equipo en 1947. Bragan, con el tiempo, entendió que la decisión de Rickey había cambiado la vida de las personas, incluyendo la suya. Un periodista le preguntó por qué había ido al funeral. Él respondió: "Vine porque Branch Rickey hizo de mí un mejor hombre".[4]

La gente negra no fue invisible para Branch Rickey. Él no se dejó vencer por la situación reinante. La pasión, la convicción, y la compasión lo impulsaron a afrontar un riesgo. Nuestra cultura es diferente a causa de su valentía y su tenacidad.

¿Estaría usted dispuesto a ser como Rickey, o está contento con el orden de las cosas?

Si esperamos hasta que "parezca adecuado" dar pasos valientes de inclusión y de igualdad, pudiera ser que nunca los demos. El misionero Jim Elliot dijo en cierta ocasión: "Ya no puedo depender de impulsos agradables para presentarme delante del Señor. Más bien debo responder a los principios que sé que son correctos, independientemente de que sienta que son agradables o no".[5]

Considere lo siguiente:

1. ¿Por qué es tan conveniente que la gente de otras razas y culturas permanezcan invisibles para nosotros?

2. ¿Cuáles son algunos riesgos específicos de notar la presencia de ellos?

3. ¿Cuáles son algunas diferencias entre dar una *bienvenida* pasiva a la gente que no es como nosotros y buscar intencionadamente *entenderlos y establecer relaciones de confianza* con ellos?

4. ¿Qué efecto tienen en usted las advertencias en las
   Escrituras respecto al pecado de omisión: convicción,
   aburrimiento, u otro efecto?

5. Si Branch Rickey y Jackie Robinson vinieran a su iglesia como observadores durante un mes, ¿qué dirían
   ellos respecto al corazón que usted tiene para otras
   culturas y de las relaciones que ha establecido?

2

Distraído

Durante dieciséis años, Calvary Temple había visto un constante, y a veces extraordinario, crecimiento en el número de personas que asistían a la iglesia. Pero eso llegó a su fin. Desde 1988 hasta 1995 estuvimos estancados. Tal vez hubo muchas razones para la falta de crecimiento, pero una de las más importantes fue que yo estuve distraído.

Para los pastores, las distracciones son de toda forma y tamaño. Casi cualquier cosa puede hacer que perdamos de vista nuestro claro llamado a vivir de acuerdo al gran mandamiento y a cumplir la gran comisión. Después de observar a pastores de todo el país, he notado que algunas de las distracciones más comunes son

—programas de construcción

—conflictos de personal

—desacuerdos en el directorio

—problemas matrimoniales

—hijos que dejan el hogar

—una caída moral

—cansancio y fatiga

—un pastor que es demasiado controlador o que permanece al frente de la congregación más de lo debido

—la institución de muchos nuevos programas al mismo tiempo

—problemas económicos regionales o nacionales.

El verdadero problema no son los conflictos y el cansancio, todos en el ministerio tienen su porción de estas luchas. Sin embargo, éstas se convierten en verdadera distracción cuando los problemas permanecen sin solución durante un período significativo de tiempo.

Dos amigos

He luchado con unos cuantos de estos factores a través de los años, pero ninguno me distrajo como el fracaso moral de amigos muy cercanos: Jim Bakker y Jimmy Swaggart. Ambos habían hablado en muchas ocasiones en nuestra iglesia. Yo fui miembro del directorio de ambos, y ellos me invitaron con frecuencia a sus programas de televisión. Cuando Jim Bakker habló en la dedicación de nuestra iglesia en la Carretera del Aeropuerto, nos dio cien mil dólares para hacer jardines en la propiedad, con hermosos árboles, flores y diseño. Jimmy Swaggart también predicó durante nuestra semana de cultos de dedicación. Una semana después que él regresó a Baton Rouge, nos envió un cheque por cincuenta mil dólares para impulsar la nueva fase de crecimiento de nuestra iglesia. Estos dos hombres no eran celebridades distantes para mí. Eran dos de mis mejores amigos y compañeros en el ministerio. La nuestra era una amistad íntima. Yo lo sabía, nuestra iglesia lo sabía, y los medios de comunicación de la región y del país lo sabían.

En la primavera de 1987 me golpeó fuertemente la noticia de que Jim Bakker estaba envuelto en un fracaso moral. Los medios noticiosos supusieron que yo reemplazaría a Jim como el presentador del *Club PTL*. Los disparatados informes noticiosos podrían haber sido cómicos si no hubieran causado tanto problema. El día en que Jerry Falwell asumió el liderazgo de la Cadena PTL, los medios noticiosos de Dallas informaron que yo estaba con Jerry Falwell en Lynchburg, Virginia, y que se rumoreaba que yo sería el próximo presentador del *Club PTL*. Las noticias de la televisión de la tarde en Dallas dijeron: "Don George está considerando ser el presentador del *Club PTL*". En el noticiero local de esa noche se anunció confiadamente: "A Don George se le ha ofrecido el puesto de presentador del *Club PTL*, y él dice que piensa aceptar el cargo". Era cierto que yo estuve en Lynchburg con Jerry Falwell ese día. También era cierto que Falwell, Roe Messner, y yo habíamos participado de la transmisión del *Club PTL* desde la oficina de Falwell, pero yo en ningún momento del día había hablado con algún periodista. La historia noticiosa de la televisión fue una total invención—un circo noticioso. Sin embargo, en los días siguientes tuve que dedicar mucho tiempo a responder preguntas de los periodistas acerca del problema del *Club PTL*.

Luego después de que reconociera su falla moral, Jim Bakker entregó las riendas de PTL a Jerry Falwell, quien prontamente despidió a Jim y a su brazo derecho, Richard Dortch. Entonces Jerry me pidió que volara hasta Lynchburg para estar con él y Roe Messner para su primer programa. Aun cuando yo había renunciado al directorio de PTL un mes antes de la salida de Jim Bakker, Falwell creía que mi presencia en el programa calmaría los temores de los donantes y mejoraría la estabilidad de la Cadena PTL. En ese programa no hubo la programación acostumbrada. Los tres permanecimos sentados en la oficina de Jerry y hablamos la hora entera respecto al pasado, al presente, y al futuro del ministerio del Club PTL.

Fue un tiempo penoso para mí, para nuestra iglesia, y para todos los que amábamos a Jim Bakker. En cierto momento Jimmy Swaggart y yo hicimos planes de volar hasta Palm Springs, California, para encontrarnos con Jim y ayudarlo en este difícil trance de su vida. Un periodista de la televisión de Dallas me llamó para preguntarme detalles del viaje que habíamos planeado a California. Cuando comuniqué a Swaggart que los medios noticiosos ya estaban enterados del viaje que planeábamos a California, cancelamos otros compromisos para hacer el viaje juntos. Siempre recordaré 1987 como un año de gran distracción y devastación.

Sin embargo, el año siguiente fue todavía más devastador. Cierto viernes por la mañana, en el mes de febrero de 1988, Jimmy Swaggart me llamó para decirme que se había involucrado en una relación con una prostituta en Nueva Orleans. Me dijo que los noticieros nacionales iban a presentar la historia esa noche. Gwen y yo volamos de inmediato a Baton Rouge para estar con Jimmy y Frances. Cuando bajamos del avión, Jimmy me abrazó y me dijo: "Don, estoy muy apenado". Mientras estuvimos aquel día en el hogar de Swaggart, pareció como si Gwen y yo estuviésemos en un funeral, pero los muertos todavía deambulaban por la casa. Nos quedamos con Jimmy y Frances esa noche, cuando Ted Koppel informó el hecho en Nightline. Ahora el mundo entero sabía la verdad. Dos días después Jimmy hizo su confesión pública en Family Worship Center [Centro Familiar de Adoración], en Baton Rouge.

En las siguientes semanas y meses, Jimmy y yo nos reunimos con frecuencia por largos períodos de tiempo. Él estaba profundamente afligido por su pecado. Sabía que había traicionado al Señor, a su familia, a sus amigos, y a su propio llamado. En nuestras conversaciones, nunca se excusó ni culpó a otros de su fracaso. Aceptó plenamente la responsabilidad de sus decisiones. Yo pedí a Dios que me usara en el largo proceso de restauración y rehabilitación en la vida de Jimmy.

Durante tres difíciles años, mi corazón estuvo dividido.

Durante tres difíciles años, mi corazón estuvo dividido.

Trataba de estar plenamente presente en Calvary, pero también estaba profundamente concentrado en ayudar a dos amigos a restaurar la familia y la reputación de cada uno. Entonces, en 1991, Jimmy tuvo otra caída moral con una prostituta en California. Muchos pensaron que ese fracaso sería el golpe de muerte para la recuperación de Jimmy. Él había estado respondiendo muy bien. Había rendido cuentas fielmente, su ministerio evangelístico estaba en buena marcha, y la gente creía que el arrepentimiento de Jimmy era genuino. Cuando ocurrió su segunda caída, muchos pensaron que su reputación estaba dañada sin remedio.

El día en que Jim Bakker fue liberado de la prisión, yo me reuní con él en una pequeña cabaña en las montañas en las afueras de Hendersonville, Carolina del Norte. Almorzamos y pasamos la mayor parte del día en oración y en conversación acerca de los buenos tiempos que habíamos pasado juntos. Fue un honor contar con la confianza de un amigo caído.

Durante años yo pasé muchas horas cada día pensando en mis dos amigos, Jim Bakker y Jimmy Swaggart, que habían aportado tanto a mi vida y ministerio. Yo estaba profundamente preocupado por ellos, y deseaba ayudarlos a que ambos reconstruyeran su ministerio y reputación.

Cada vez que los medios noticiosos de Dallas presentaban una nueva historia acerca de Jim o de Jimmy, inevitablemente mencionaban mi asociación con ellos. Un sábado por la mañana mi hijo entró a mi estudio y dijo: "Papá, ¡ven pronto! Hay muchas personas en el patio delantero de la casa, y cámaras de televisión por todas partes. ¡Mejor es que salgas y hables con ellos!" Varias de las estaciones locales habían enviado periodistas y equipos con cámaras para entrevistarme respecto a los últimos sucesos relacionados con Jim Bakker. A mí se me identificaba como unido de manera indisoluble con Jim y Jimmy—en los buenos tiempos, como también después en esos tiempos difíciles.

Con toda la atención negativa, la gente de nuestra comunidad empezó a preguntarse si podrían confiar en alguien que estaba ligado de manera tan profunda en las vidas de dos hombres con fallas morales tan grandes. En Irving y en toda la región de Dallas, Fort Worth, la gente recordaba que yo había invitado a Jim Bakker y a Jimmy Swaggart a predicar en nuestros cultos de dedicación, y ellos me habían visto en la televisión con ellos. Algunas persona simplemente no se sentían cómodos asistiendo a una iglesia donde el pastor estaba tan estrechamente relacionado con líderes caídos.

En Calvary Temple las distracciones produjeron numerosas consecuencias negativas. Por el hecho de no estar creciendo, las ofrendas no aumentaban. Pronto, ya no teníamos los grandes sueños de alcanzar gente. Nuestra preocupación principal fue cómo pagar las cuentas, con el fin de mantener las puertas abiertas. Estas preocupaciones produjeron inevitablemente a algunos arrebatos de mal genio, sospechas, y confusión que lamentablemente permanecieron mucho tiempo sin solución.

Durante ese trance yo sentí un profundo dolor personal. Dos de mis mejores amigos estaban luchando, y habían causado enorme sufrimiento a quienes amaban y servían. Para complicar el problema, nuestra iglesia no estaba creciendo, y yo no sabía qué hacer al respecto. Presentábamos actividades extraordinarias. Nuestro aporte a la comunidad incluía magníficos eventos musicales en cada festividad —Navidad, Pascua de resurrección, 4 de julio—y también poderosos sermones dramatizados. Estos eventos eran hermosos y espectaculares, pero después de un breve aumento en la asistencia, regresábamos a la asistencia anterior. Yo sabía que las iglesias no mantienen por mucho tiempo en línea constante de asistencia. Las iglesias, o bien crecen o declinan, pero no permanecen estancadas. Yo estaba profundamente preocupado de que Calvary Temple pudiera ser la víctima de una mortal espiral en descenso, y que la visión de Dios para nuestra iglesia pudiera estar en peligro.

Durante los años de distracción, la población de la ciudad de Irving estaba cambiando rápidamente. La gente de color

> Yo estaba profundamente preocupado de que Calvary Temple pudiera ser la víctima de una mortal espiral en descenso, y que la visión de Dios para nuestra iglesia pudiera estar en peligro.

estaba mudándose a los vecindarios más acomodados para trabajar como ejecutivos en las oficinas de grandes corporaciones, y también se habían establecido en comunidades de clase media para trabajar en las nuevas empresas. Dios nos había enviado un nuevo campo misionero para el cual bastaba abrir la puerta, pero yo estaba tan desatento que ni siquiera lo había notado.

No me di cuenta en el momento, pero Dios usaría el dolor, la distracción, las frustraciones, y la confusión de ese tiempo en mi vida para suavizar mi corazón y preparar a nuestra iglesia para un cambio de dirección. Sin embargo, en este tiempo, todo lo que yo veía eran sendas cortadas, caminos bloqueados, y aguas detenidas.

Ponga atención

Cuando miro hacia atrás, a esos años de profunda dificultad, distingo algunos principios claros:

El enemigo quiere distraernos.

Satanás rara vez se presenta perfectamente uniformado con un claro pronunciamiento de sus intenciones. Con mucha mayor frecuencia él trabaja detrás del escenario, sin ser notado, pero con las peores intenciones. Las distracciones, creo yo, son una de sus estrategias más eficaces para lograr que la iglesia se desvíe. Casi universalmente, las cosas que cautivan nuestra atención parecen ser absolutamente necesarias. Ellas exigen nuestro tiempo y preocupación, pero consumen nuestro corazón, nos roban el gozo, y nublan nuestra visión. Eso fue lo que me sucedió cuando mis dos amigos tuvieron sus fallas morales. ¿Me hubiera dado cuenta del cambio demográfico que estaba viviendo nuestra comunidad si no hubiese estado tan distraído? Nunca lo sabré, pero yo estaba tan absorto en mi preocupación por estos dos hombres que no pude notar muchas cosas que estaban sucediendo en nuestra iglesia y en nuestra comunidad.

Estar ocupado es una de las principales distracciones de un líder consciente. El arduo trabajo, la lealtad, y la obediencia al llamado de Dios son virtudes, pero los asuntos vanos son una falla personal. Si sustituimos el amor y la fidelidad con las muchas ocupaciones, perdemos de vista lo que es el corazón del evangelio y conducimos a la gente hacia abajo, por el camino equivocado. En *Celebración de la disciplina,* Richard Foster identifica la fuente de las ocupaciones en nuestra vida espiritual: "En la sociedad contemporánea nuestro Adversario es un experto en tres cosas: ruido, prisa, y multitudes. Si él puede mantenernos preocupados en 'lo mucho' y 'los muchos' él se sentirá satisfecho".[6] Y el famoso psiquiatra Carl Jung declaró: "La prisa no es *del* diablo: es el diablo".

En cierto momento en la vida de nuestra iglesia, me di cuenta de que muchos de los miembros del personal estaban profundamente distraídos cuando la gente se fue de la iglesia. A ellos les preocupaba lo que pudieran haber hecho mal, lo que sentía la gente, y lo que ellos podrían haber hecho o debieron hacer para mantener la gente en la congregación. Hay ocasiones en que esas preguntas son muy útiles y adecuadas, pero yo noté la presencia de una persistente y morbosa introspección que como una nube oscura no dejaba ver claramente a nuestro equipo de trabajo. Para combatir esa distracción, implementamos la "regla del lamento de treinta minutos". Les dije que no importaba cuánto dinero daba la gente que se iba de la iglesia, o la posición de servicio que él o ella había tenido. A los miembros del personal se les permitía expresar su lamento sólo por treinta minutos. Luego, era tiempo de enfocar la atención en la misión y permanecer en la tarea. La cita célebre de Will Rogers nos enseña: "No mires por encima de tu hombro, porque no es allí donde quieres llegar". Yo le digo a nuestro personal: "No importa lo que suceda, permanezcamos en la misión. No nos distraigamos. Si la gente se va, que sea con nuestra bendición y oremos que cumplan el propósito de Dios para su vida. No dejen que la decisión de los disidentes consuma su tiempo y envenene su corazón".

No permita que la cultura cambie a su alrededor sin que usted lo note. A mí me sucedió, y puede sucederle a cualquiera de ustedes.

No pasemos por alto los cambios culturales.

No permita que la cultura cambie a su alrededor sin que usted lo note. A mí me sucedió, y puede sucederle a cualquiera de ustedes. Recomiendo que los pastores soliciten un nuevo informe demográfico cada año, y que lo comparen con los informes anteriores. Las iglesias pueden trabajar con la Cámara de Comercio, con la municipalidad local y con la oficina de turismo, con las escuelas del distrito, con la oficina del censo, o con otras organizaciones para conseguir una actualización de las tendencias actuales en la población. El directorio de las escuelas de cada localidad debe mantener su atención en la población, de modo que puedan asignar maestros, salas de clases, y otros recursos. Las estadísticas que ellos manejan son con frecuencia muy completas y útiles. Si los líderes de la iglesia no pueden encontrar un informe con cierta facilidad, ellos mismos pueden elaborar uno, o pueden usar el que otra iglesia haya preparado. (Posiblemente podrá encontrar unos cuántos en Internet a través de las diversas denominaciones e iglesias.)

La importancia del impulso.

Las organizaciones son como los barcos petroleros en el océano: cuando avanzan en cierta dirección, es muy difícil detenerlos y hacer que cambien de rumbo. El impulso es una poderosa fuerza en una iglesia. Cuando una iglesia está creciendo, cada sermón cambia vidas, cada programa trae más gente, y cada riesgo es recompensado. En todo punto, el entusiasmo crece, y la gente confía en sus líderes. Es como si la corriente jamás tendrá fin.

Pero también puede suceder lo contrario. Cuando una iglesia es anémica y está en decadencia, nada parece detener la espiral descendente. La gente encuentra defecto en todos los mensajes, discuten por causa de la música, y los programas nuevos resultan un fracaso. Anticipando la posible crítica, es más fácil para los pastores evitar los riesgos que hay en una nueva contratación, una nueva estrategia, o un nuevo programa. La gente empieza a preguntarse si tienen los líderes adecuados, y los líderes se preguntan si ellos están en el lugar correcto. El ciclo de fracaso, letargo, y crítica parece persistir, sin importar lo que hagan los líderes. Primero, unas pocas personas se alejan, luego se van los voluntarios clave, muchos más comienzan a mirar en dirección a la salida, y pronto el éxodo es una gran bola de nieve que rueda cuesta abajo.

Durante estos años difíciles, mi corazón y mi mente estuvieron con frecuencia con mis dos hermanos caídos, pero no estuve completamente distraído. Estaba bien consciente de que Calvary Temple no estaba creciendo. Hice todo lo que sabía con el fin de asegurarme que crecíamos, pero no resultó. Mi inquietud del comienzo pronto se convirtió en una seria preocupación.

El cambio solo no es la respuesta; antes de implementar planes de cambio debemos realizar un análisis cuidadoso y valiente. Durante el período de estancamiento en Calvary Temple, hicimos muchos cambios. Cambiamos de ubicación. Construimos un nuevo edificio. Cambiamos el nombre de la iglesia (de Calvary Temple a Calvary Church [Iglesia Calvario]). Cambiamos la estructura del personal. Cambiamos al líder de adoración. Con cada cambio pensábamos: "Esto es. Este cambio estimulará el crecimiento". Cada uno de estos cambios parecía dramático; pero en realidad eran superficiales, y a veces mal dirigidos. Todavía no podíamos encontrar lo que era más importante, el asunto evidente.

Mi consejo a los pastores cuya iglesia no están creciendo es orar—orar de manera más específica y orar con más fervor. Pida a Dios que le muestre su corazón, la causa del impedimento, y sus planes para el futuro. Con mucha frecuencia, Dios quiere hacer algo que es un profundo desafío para el pastor, pero a veces éste no está dispuesto a descubrir las fallas en su corazón y en su estrategia. Es más fácil culpar a otros, a la cultura, o a Dios por la falta de crecimiento. La oración nos conecta con el corazón de Dios, cosa que puede ser emocionante y también amenazante. Estoy seguro de que la mayoría de los pastores y de otros líderes de las iglesias que leen estas palabras tal vez quieran gritar: "¡Pero yo he estado orando, y Dios no me ha mostrado nada nuevo!" Entiendo. Yo oré mucho durante esos años de estancamiento. Con frecuencia pensé que tenía la respuesta, pero estuve equivocado cada vez. Se requería tiempo, pero Dios finalmente me dio la instrucción que necesitaba. Cuando Él habló, instantáneamente supe que esta era su palabra para mí y para nuestra iglesia. Él respondió mis oraciones, no en el tiempo que yo deseaba, o en la manera que yo esperaba, pero respondió con claridad.

Cuando oramos, Dios nos conduce a los recursos que dirigen nuestros planes. Dios se ha valido de amigos, conferencias, mentores, consultores, historias, y libros para estimular mi corazón y guiar mis pensamientos.

No importa el tiempo que pase, y no importa el tamaño del problema, no tenemos que rendirnos ni quedarnos pasivos. No deje de arar el terreno ni de sembrar la semilla; espere la cosecha. Un día la verá. Es la promesa de Dios.

> No deje de arar el terreno ni de sembrar la semilla; espere la cosecha. Un día la verá. Es la promesa de Dios.

Habrá distracciones.

Con mucha frecuencia, las dificultades nos enceguecen, y no respondemos a ellas como es debido. Sin embargo, hay ciertas dificultades que son una perogrullada. Hay ciertos momentos de conflicto que debemos ver que se acercan como un tren de carga que se desplaza por los rieles. Por ejemplo, nunca he sabido de una iglesia que haya estado en un plan de edificación y que no haya sufrido importantes distracciones. Si no anticipamos las luchas, ellas pueden sacarnos fácilmente de la ruta. Si estamos conscientes de que las luchas están en camino, podemos prepararnos para reconocerlas, enfrentarnos a ellas, o incluso evitarlas.

El conflicto en un equipo de trabajo o en una familia quita tiempo, energía, y entusiasmo por la causa de Cristo. He visto manifestaciones de ira entre los miembros del personal, que llegaron al punto que fue necesario intervenir para evitar la agresión física. Un miembro de personal me miró enojado, y dijo: "Si ese pastor me las hace una vez más, ¡voy a darle su merecido!" Y yo creo que sí lo habría hecho.

En cualquier organización, habrá personas que anhelan sentirse importantes. Ellos protegen su territorio por orgullo o por temor, o por una letal combinación de esas dos motivaciones. Con mucha frecuencia, lo que puede ser una sencilla diferencia de personalidad y de preferencia produce irritaciones menores que pueden degenerar y convertirse en destructivo resentimiento.

Los problemas personales con frecuencia consumen la fortaleza y la visión de un líder y de una iglesia. Una salud precaria, la tensión no resuelta en un matrimonio, los hijos pródigos, los padres ancianos, la tentación sexual, y los problemas financieros pueden robar la atención de un líder y erosionar su fervor por el evangelismo y el discipulado. Somos personas caídas que vivimos en un mundo caído. No tendremos salud y paz perfectas hasta que reinemos con Cristo en los nuevos cielos y la nueva tierra. No debiéramos ser vencidos por las dificultades, pero ciertamente tendremos que enfrentarlas.

Estoy seguro de que los fracasos morales han sido siempre un problema en el liderazgo de la iglesia, pero en la actualidad, el fácil acceso a la pornografía en la Internet ha provocado una explosión de conductas adictivas. Un artículo de la Cadena de Recuperación de Clérigos declara:

Un autor se refiere a la pornografía en la Internet como el 'crack de la adicción sexual'. La sustancia en la pantalla está disponible de manera constante y gratuita, y una vez que alguien cae en el lazo, sea pastor o sea miembro de una iglesia, con cada uso será más difícil liberarse. Es fácilmente accesible, altamente adictiva. Crack para el clero. Un pastor informó: "yo estoy muy bien catalogado en mi denominación, y si alguien se entera de mi adicción a la pornografía sería echado a un lado del camino". Además dijo: "Siempre he sido la persona pura, el que tiene las respuestas, aquel en quien se puede confiar, pero esta basura en Internet se ha apoderado de mi vida en menos de seis meses".[7]

La pornografía puede ser la más común de las tentaciones, pero los pastores enfrentan una diversidad de conductas engañosas y tentadoras. Un líder que está avanzando en edad puede ser una distracción para todos los

La pornografía puede ser la más común de las tentaciones, pero los pastores enfrentan una diversidad de conductas engañosas y tentadoras.

que le rodean. He visto a algunos pastores aferrarse a su posición de autoridad mucho tiempo después de que ha pasado su mejor tiempo. Las iglesias tienden a envejecer con sus pastores, de modo que cuando el pastor llega a los cincuenta años de edad (o pudiera ser los cuarenta), necesita incorporar personas más jóvenes que atraigan y se relacionen con la gente más joven. No es suficiente tener un buen programa de niños y un ministerio juvenil. Los que están en los veinte y en los treinta años de edad son cruciales para el futuro de la iglesia. Si perdemos a la gente de esa edad, la iglesia casi inevitablemente adoptará las características típicas de la gente anciana: lentos, críticos, sospechosos de la tecnología, y resistentes a los cambios. Tenemos que hacer todo lo posible para atraer e inspirar a los jóvenes cuya vida marcha a un ritmo más rápido y esperanzador, aprovechando al máximo la más reciente tecnología, y deseosos de cambio. Uno de los pasos más importantes que he dado como pastor fue reconocer la necesidad de un líder juvenil en Calvary, y pedir a Ben Dailey que regresara a nuestro equipo de trabajo de la iglesia. El pastor Ben se ha conectado con todas las edades en nuestra iglesia, especialmente con la generación de los jóvenes adultos. (Hay mucho más que decir respecto a este importante asunto en un capítulo más adelante.)

Aunque hay diversas maneras en que la gente puede manejar el conflicto y la tensión, muchos no pueden dejar de pensar en los problemas, traer a la memoria conversaciones pasadas, y soñar despiertos con futuros enfrentamientos. He conocido pastores que no trataron problemas del personal, porque pensaron que estas situaciones desaparecerían por arte de magia. Pero no sucedió así. Simplemente los problemas empeoraron cuando no se les prestó atención.

En toda clase de distracción, los líderes deben ser despiadadamente *sinceros* respecto al problema, *valientes* para tratar con el mismo, y *confiados* de que todos aprenderán valiosas lecciones en el proceso. Cuando se pasan por alto las dificultades habrá un alivio temporal, pero agudo dolor de cabeza a largo plazo. Culpar a otros sólo aumenta la fatiga, el dolor, y el resentimiento.

Los *buenos líderes* enfrentan las distracciones cuando éstas aparecen. Los *grandes líderes* tienen la visión y la experiencia de anticipar las distracciones y prepararse para ellas antes de que causen un grave daño en la organización.

Aclare y refuerce la visión.

La misión es *siempre* inclusiva, porque el corazón de Dios va más allá de aquellos que están a nuestro alcance, llega a los marginados y a los extranjeros. Aquellos grupos pueden ser pasados por alto con facilidad, pero Dios se preocupa de manera especial de ellos. De hecho, una verdadera prueba de nuestra fe es la autenticidad de nuestro amor por "uno de esos pequeñitos". Dios habló al profeta Zacarías e identificó cuatro grupos específicos que necesitan el cuidado del pueblo de Dios: "Así dice el Señor Todopoderoso:

'Juzguen con verdadera justicia; muestren amor y compasión los unos por los otros. No opriman a las viudas ni a los huérfanos, ni a los extranjeros ni a los pobres" (Zacarías 7:9,10).

El autor y pastor Tim Keller, en su libro *Generous Justice* [Justicia generosa], aplica este pasaje a nuestra cultura:

"En las sociedades agrarias premodernas, estos cuatro grupos [en Zacarías 7] no tenían poder social. Vivían en un nivel de subsistencia, y estaban a sólo días de morir de hambre si enfrentaban un tiempo de escasez generalizada, una invasión, o tan siquiera a una revuelta social menor. En la actualidad este cuarteto podrían ser los refugiados, los obreros migratorios, las personas que no tienen hogar, muchos padres o madres que viven solos, y gente anciana".[8]

En la época en que estuve distraído, yo me alegraba de que esos grupos de personas vinieran a nuestra iglesia, pero no iba apasionadamente tras ellos, defendiéndolos contra las injusticias, o sacrificándome para atender a sus necesidades. Irónicamente, en la Biblia vemos esta clase de corazón fervoroso y de acción sacrificada en la vida de alguien que pudo haber estado completamente absorto en sus propios problemas; esta persona es Job. En su última defensa contra los ataques de sus tres "amigos", Job les dijo:

"Si el pobre recurría a mí, yo lo ponía a salvo, y también al huérfano, si no tenía quien lo ayudara. Me bendecían los desahuciados; ¡por mí gritaba de alegría el corazón de las viudas! De justicia y rectitud me revestía; ellas eran mi manto y mi turbante. Para los ciegos fui sus ojos; para los tullidos, sus pies. Fui padre de los necesitados y defensor de los extranjeros. A los malvados les rompí la cara; ¡de sus fauces les arrebaté la presa! (Job 29:12–17).

Job tenía el panorama completo del privilegio y la responsabilidad de ser colaborador de Dios en el amor a los marginados y en la justicia para los oprimidos. Él enfatizó más adelante:

"Jamás he desoído los ruegos de los pobres, ni he dejado que las viudas desfallezcan; jamás el pan me lo he comido solo, sin querer compartirlo con los huérfanos… o si he levantado contra el huérfano mi mano por contar con influencias en los tribunales, ¡que los brazos se me caigan de los hombros! ¡que se me zafen de sus articulaciones! Siempre he sido temeroso del castigo de Dios; ¡ante su majestad no podría resistir! (Job 31:16,17,21–23).

A Dios no le impresionan nuestras excusas por haber estado sencillamente distraídos. Podemos tener muchas razones por las cuales no prestamos atención a la gente de color, a los extranjeros, a los pobres, a las viudas, y a otros que nuestra sociedad ignora, pero ninguna de estas razones es válida. En muchas iglesias la gente adopta fuertes posiciones políticas en contra del "estado del bienestar", las políticas de inmigración, y otros temas candentes. Ellos hablan de personas "irresponsables" que están "estrujando a nuestro país". Es muy cierto que necesitamos responsables políticas de gobierno respecto a los importantes asuntos actuales, pero la iglesia debe asegurarse de no abdicar a la responsabilidad que Dios le ha dado de atender las necesidades de los desprivilegiados, sin importar quienes sean o la razón por la cual están en una u otra condición. Con mucha frecuencia los medios de comunicación describen a los cristianos como quienes están en el lado contrario de la justicia y de la misericordia, y con mucha frecuencia los medios de comunicación están en lo cierto.

¿Estamos en contacto con el corazón de Dios, o estamos simplemente construyendo monumentos para nuestro éxito? ¿Se quebranta nuestro corazón cuando vemos la miseria en que viven los más pobres en nuestra comunidad, o estamos más preocupados por atraer a aquellos que pueden dar mucho para nuestro programa de construcción?

La promesa de Dios es clara y firme. Por medio de Isaías, Dios nos dice:

Llamarás, y el Señor responderá;
    pedirás ayuda, y él dirá: "¡Aquí estoy!"
Si desechas el yugo de opresión,

el dedo acusador y la lengua maliciosa,
si te dedicas a ayudar a los hambrientos
y a saciar la necesidad del desvalido,
entonces brillará tu luz en las tinieblas,
y como el mediodía será tu noche.
El Señor te guiará siempre;
te saciará en tierras resecas,
y fortalecerá tus huesos.
Serás como jardín bien regado,
como manantial cuyas aguas no se agotan.
Tu pueblo reconstruirá las ruinas antiguas
y levantará los cimientos de antaño;
serás llamado "reparador de muros derruidos",
"restaurador de calles transitables" (Isaías 58:9–12).

¿No es ese el anhelo de su corazón? Estoy seguro que lo es, pues de otro modo no estaría leyendo este libro. Manténgase firme y valiente. Sea sincero respecto a las distracciones que experimenta, trate las distracciones con sabiduría, y vuelva a enfocar su misión en la gente que ha capturado el corazón de Dios.

Considere lo siguiente:

1. ¿Qué distracciones ha enfrentado en los dos últimos
    años?

2. ¿Estaba desprevenido, o pudo anticipar las distraccio-
    nes? ¿En qué manera su anticipación (o la falta de ella)
    afectó su respuesta?

3. ¿Cómo cree que la mayoría de los líderes responde a las distracciones? ¿Cuál de los métodos de ellos es efectivo, y cuál realmente no lo es?

4. ¿Cuál es la dirección del impulso en su iglesia ahora mismo? ¿Cuál ha sido en los últimos diez años, cinco años, y dos años?

5. ¿De qué manera desea Dios usar esta época en su vida y ministerio con el fin de aclarar su misión para que sea más inclusiva?

6. Dios promete bendecirnos si cuidamos de los marginados, los enfermos, y los necesitados. ¿Qué puede esperar usted si dirige a su iglesia para que cumpla el desafío y la promesa de Isaías 58?

3

Un llamado a despertar

El dolor puede convertirse en una aguda herramienta en manos de Dios para llamar nuestra atención y cambiar el rumbo de nuestra vida. Los años de estancamiento de Calvary Templo fueron muy difíciles para mí. Cuando me trasladé a Irving, tuve la impresión de que Dios quería que hiciera algo muy especial a través de esta iglesia y que glorificara su nombre. Sin embargo, durante los años de pasividad, el sueño pareció disiparse. Después de dieciséis años de constante crecimiento numérico y financiero, la iglesia simplemente dejó de crecer, por alguna razón que no podía explicar. Probé todo lo que sabía hacer, pero nada resultó. Clamé a Dios, una y otra vez, pero parecía que el cielo era una placa de bronce y que mis oraciones rebotaban y me llegaban de vuelta. Pero eso no era lo que estaba sucediendo. Dios sí estaba escuchando mis oraciones, y me estaba preparando para que me abriera a sus nuevos y revolucionarios planes.

Cuando fui al Concilio General de las Asambleas de Dios en Indianápolis en 1995, yo vacilaba entre la esperanza y la desesperación. Deseaba que Dios me hablara, pero en varios años no había oído algo definitivo de Él respecto a nuestra iglesia. Pude imaginar cómo se sintieron los hijos de Israel durante los 430 años en que estuvieron como esclavos en Egipto. ¡Gracias a Dios que yo no tuve que esperar tanto tiempo!

Jerry McCamey era el pastor de Calvary Temple en Indianápolis. En su predicación en uno de los cultos vespertinos del Concilio General, Jerry habló valientemente *a* nuestra denominación *acerca* de nuestra denominación. Obviamente, Dios le había dado un corazón para alcanzar y aceptar a toda clase de personas, y Jerry entendía que nuestra denominación tenía un largo camino que recorrer para cumplir el llamado de Dios a la inclusión. Él dijo: "Quiero decirles cuál es el problema. ¡Esta iglesia es demasiado blanca!" Cuando nos pidió que quienes estábamos en el auditorio miráramos las caras en la multitud, vimos sólo unos pocos líderes negros e hispanos presentes esa noche. No estoy seguro si esa gente de color se sintió honrada o avergonzada. La intención de Jerry no fue incomodarlos; él quería que el Espíritu de Dios obrara en el corazón de los presentes y nos convenciera de un hecho evidente. No sé cómo respondió cada uno en este momento revelador. Todo lo que sé es que Dios usó a Jerry McCamey para conmover mi corazón.

Cuando Pedro habló a la multitud en el día de Pentecostés, Lucas nos dice que la gente fue conmovida profundamente (Hechos 2:37). Así es exactamente como yo me sentí. Fue como si Dios hubiese usado un cuchillo afilado para abrir mi pecho y exponer mis esperanzas y mis temores. Fueron tres los factores que me prepararon para ese momento. Primero, yo estaba pidiendo sabiduría a Dios. Le había suplicado que abriera mis ojos para ver una senda por la cual avanzar, y estoy seguro de que ésta fue su respuesta. Segundo, había tomado cursos en la universidad acerca de la historia de los negros americanos, de modo que tenía un profundo aprecio por las luchas y los sueños de esa comunidad. Deseaba ser una fuerza benéfica en la vida de ellos. Sin embargo, el tercer factor estaba obrando profundamente en mi subconsciente y en mi corazón: durante años yo había observado el amistoso trato que mi padre había tenido con gente de color. El ejemplo de la gracia, el amor, y la valentía de mi padre estaba arraigado en mi alma, y ahora Dios me estaba llamando para seguir su ejmplo.

Cuando Jerry McCamey pronunció las palabras: "Esta iglesia es demasiado blanca", Dios, instantáneamente me dijo: "Y eso también es verdad respecto a tu iglesia. Es tiempo de cambiar".

Yo no discutí. No pedí detalles. No hice planes de formar un comité para estudiar la situación. El Comandante en Jefe me había dado las órdenes claras de marcha y yo estaba dispuesto a obedecer.

Primeros pasos

No volví a casa para informar a mi personal y a la directiva que estábamos cambiando de dirección en nuestro ministerio. Efectivamente, ni siquiera comente con Gwen lo que Dios me había dicho esa noche. Yo estaba simplemente seguro de que había dos grupos de personas a las cuales Dios quería traer a Calvary Temple: la gente negra y la gente hispana.

Consciente de que necesitaba alguna experiencia en el ministerio a los hispanos, acepté una invitación de Randy Sims, misionero a México (quien es mi cuñado), para predicar en una gran campaña de evangelismo en el campo de toros en Monterrey, México. Él planificó meticulosamente la campaña. Muchos fueron salvados, sanados, y liberados por la gracia de Dios, en la escuela de ministerio de las mañanas y en las reuniones de la tarde. Participaron unas cien iglesias locales. Más de cincuenta siervos líderes de Calvary Temple viajaron a Monterrey conmigo para participar. Pastores bien conocidos de los Estados Unidos, Alton Garrison (de Little Rock, Arkansas) y John Bosman (de Lake Charles, Louisiana) predicaron en la escuela de ministerio cada mañana. Randy también organizó campañas en ciudades como Saltillo, Monclova, Piedras Negras, Nuevo Laredo, y León. Cada vez que viajaba a México, me acompañaban unas cincuenta personas de Calvary que me ayudaban a ministrar durante la campaña. Yo sabía que ver la obra de Dios en la vida de la gente en América Latina despertaría en nuestra congregación un anhelo de alcanzar a la población de habla hispana que estaba llegando a Irving, Texas.

En estas ciudades de México, arrendábamos plazas de toros, estadios deportivos, centros de convenciones, siempre los lugares más amplios de la ciudad para las reuniones evangelísticas de la tarde. Viajábamos a cada ciudad unos pocos días antes del culto de apertura de la cruzada para reunirnos con los pastores y animarlos a correr la voz e invitar a cuántos fuese posible. También ayudábamos a los pastores con su seguimiento de la cosecha de almas que resultaban del evento. Fue una experiencia maravillosa para mí, para nuestra familia de Calvary Temple, para las iglesias y pastores de México, y, por supuesto, para quienes creyeron en Cristo como Salvador.

La respuesta del pueblo mexicano al evangelio fue tan alentadora que decidimos planificar campañas en otros países de habla hispana en América Central y América del Sur. Nuestro calendario de campañas nos llevó a Managua, Nicaragua; San José, Costa Rica; y la ciudad de Belize, en Belize. Claramente, Dios estaba haciendo grandes cosas a través de nuestro ministerio, y el corazón de los miembros

Yo sabía que ver la obra de Dios en la vida de la gente en América Latina despertaría en nuestra congregación un anhelo de alcanzar a la población de habla hispana que estaba llegando a Irving, Texas.

de nuestra iglesia se estaba preparando para acoger a los hispanos que estaban llegando a nuestra ciudad.

Durante este período preparatorio, le pedí a Dios que me enviara gente de color para que se uniera a nuestro personal y preparara el camino para el futuro de nuestra iglesia. Cuando necesitamos líderes que fuesen cristianos ejemplares, Dios contestó nuestra oraciones. Un joven hombre de negocios afroamericano de nombre Siegel Bartley había sido miembro de nuestra iglesia por casi un año. Cuanto más lo conocía, tanto más me impresionaba su integridad, su estatura espiritual, y su potencial para el liderazgo. Cierto día, mientras Siegel y yo almorzábamos, él me miró y dijo: "Pastor George, no sé cómo decirle esto, pero Dios me ha hablado para que deje mi trabajo y me dedique a trabajar como voluntario en Calvary Temple". Si dudaba de que yo lo aceptaría como parte del equipo de trabajo, él estaba absolutamente equivocado. Me sentí muy contento de tenerlo como compañero en el ministerio. Él era una respuesta directa a mi oración de que Dios levantara gente de color para el liderazgo espiritual en Calvary Temple.

Seigel había sido un instructor de vuelo para pilotos de aerolíneas comerciales. En ese tiempo tenía solamente treinta y ocho años. Había estado trabajando en un lugar cercano al aeropuerto de DFW. Ahora, dejaba su estimada y lucrativa posición para ser un siervo y líder voluntario en nuestra iglesia. Le pregunté: "¿Estás seguro de que Dios te ha hablado? ¿Estás en condiciones de hacer esto?"

Él sonrió y contestó, "Sí, esto es lo que Dios me dijo que hiciera".

Yo estaba todavía sorprendido. Le pregunté: "¿Cuánto tiempo puedes vivir sin un sueldo?"

Él respondió: "Bastante. Dios me ha bendecido. Estoy bastante bien en lo económico".

Me maravillaba tener a Seigel como un voluntario, pero por alguna razón, yo todavía no ataba cabos. Me mantuve orando a Dios que nos enviara gente de color para nuestro equipo de líderes. Después de que Seigel había trabajado como voluntario a tiempo completo alrededeor de un año, yo todavía oraba por nuevos miembros para el personal, y un día Dios casi me gritó: "¿No ves que ya he contestado tu oración? Abre tus ojos, ¡te he dado a Seigel Bartley!"

Fui donde Seigel y le dije: "Ya es tiempo. Quiero que te unas al personal de nuestra iglesia. ¿Quieres tomar a tu cargo nuestro ministerio de oración? Tú eres un hombre de oración. Harás un gran trabajo en esa responsabilidad".

Sonriendo, él dijo: "Sí, pastor. Me gustaría hacerlo". (Pienso que él había esperado mucho tiempo que yo se lo propusiera.)

Elaboramos una descripción de trabajo, y la iglesia le ofreció un modesto sueldo. Seigel dirigió nuestro ministerio de oración y enseñó una clase de Biblia el domingo por la mañana. La gente de Calvary respondió positivamente a Seigel y a su liderazgo. Me sentí muy contento.

Unos seis meses después de que Seigel ingresó a nuestro personal, él quiso conversar conmigo. Me dijo que estaba frecuentando a una dama y que deseaban casarse. Le dije que me alegraba de ello. Sin embargo, él no había concluido la historia. Explicó que ella era blanca. Preguntó si podían casarse en la iglesia.

Le pregunté, ¿están los padres de ella de acuerdo con su matrimonio?"

El dijo: "Sí, he hablado con ellos y están satisfechos".

De inmediato le dije: "Entonces no tengo problema alguno de que ustedes dos se casen en Calvary. El matrimonio de ustedes será una bendición para la familia de nuestra iglesia".

Unos pocos meses más tarde, nosotros no solamente teníamos un pastor negro en nuestro personal; también estábamos bendecidos de tener un miembro de nuestro equipo cuyo matrimonio es biracial. No estoy seguro de cual hubiese sido mi respuesta si Seigel hubiera venido a mí como un miembro de iglesia uno o dos años antes y me hubiera pedido que los casara, pero ahora, yo confiaba en él como un hombre de Dios, y confiaba que ese mismo Dios estaba dirigiendo a nuestra iglesia por territorio que no habíamos recorrido. Es posible que más de alguien en la iglesia levantó las cejas cuando se supo de la boda. Sin embargo, nadie habló conmigo para expresar su desacuerdo con la unión de Seigel y su novia.

Seguí orando que Dios nos guiara y levantara gente de color como líderes en nuestra iglesia. Creía que si teníamos buenos líderes atraeríamos a personas de estas comunidades. Yo estaba en lo cierto. Añadimos más personas de color a nuestra directiva y a nuestro equipo. Por años habíamos tenido a un hombre negro sirviendo como organista en nuestra iglesia. Sin embargo, ya estábamos preparados para hacer cambios radicales. Contraté a Kareem Hickman, un brillante joven graduado del Instituto Cristo para las Naciones, para que fuese nuestro pastor en el ministerio de buses. Con esta adición, teníamos entonces dos integrantes de raza negra en nuestro personal pastoral.

Creía que si teníamos buenos líderes atraeríamos a personas de estas comunidades.

Yo estaba en lo cierto.

Cuando miraba nuestra congregación cada domingo en la mañana, me sentía profundamente feliz de que ya no fuéramos simplemente un mar de rostros blancos. La condición demográfica de nuestra iglesia reflejaba de mejor manera la conformación de nuestra ciudad. A mí me parecía perfectamente bien. Estaba agradecido por los nuevos líderes y por la influencia de la gente negra y de los hispanos en Calvary.

La conformación racial de nuestra congregación estaba cambiando de manera obvia, pero la asistencia total y la cantidad de miembros permanecía neutral. Estaba llegando gente de color, pero algunos de raza blanca estaban dejando la iglesia. A mi no me sorprendió ese cambio, pero pensé que tendríamos muchos más que llegarían que los que se iban. Conforme pasaban los años, yo estaba plenamente seguro de que estábamos haciendo exactamente lo que Dios me había mostrado, pero nuestra asistencia se mantenía baja. No estábamos declinando, pero tampoco estábamos creciendo como yo pensaba que sucedería. Ya en el 2001 habíamos cambiado de una congregación noventa y ocho por ciento blanca a setenta por ciento. La gente de color había aumentado de dos por ciento a un significativo treinta por ciento.

Principios y prácticas

Yo aprendí algunas valiosas lecciones después que Dios me dio el llamado a despertar. He aquí algunos de los puntos más importantes:

Póngase en acción.

Cuando Dios me habló a través del Pastor Jerry McCamey esa noche en Indianápolis, no fue suficiente que yo sintiera remordimiento o que me castigara por ser tan estrecho de mente. Sí, me sentí "profundamente conmovido", pero Dios quería de mí algo más que el remordimiento. Él quería que hiciera algo. Él esperaba ver un cambio.

Después de que Jesús lavó los pies de los discípulos, les explicó el significado de sus acciones. Dijo que Él había sido el ejemplo para ellos de servicio y sacrificio. Después les dijo: "¿Entienden esto? Dichosos serán si lo ponen en práctica" (Juan 13:17). No es suficiente que tengamos una teología acertada, un corazón sensible, y una elaborada filosofía del ministerio. Dios nos bendice cuando ponemos nuestra fe en práctica y tocamos la vida de los demás.

Sea un estudioso de la cultura.

El mensaje de Dios para mí fue muy claro, pero el primer paso de implementación no fue una estrategia a gran escala para cambiar a Calvary Temple. Yo necesitaba sumergirme en la cultura hispana, para poder aprender a ver el mundo a través de los ojos de ellos. Ya había estudiado la historia y la cultura de los negros, pero ahora necesitaba aprender mucho más acerca de nuestros vecinos del sur. Al viajar con docenas de miembros de la iglesia a México y América Central nos ayudó a todos a entender sus valores, relaciones, comidas, esperanzas, temores, y expectativas. Además de Seigel y Kareem, nuestros nuevos pastores negros, añadimos también a dos hispanos a nuestro equipo pastoral, John Delgado e Ismael Burciaga.

No basta simplemente con tener una visión para alcanzar a una comunidad y suponer que todo sucederá automáticamente. Se necesita una estructura y planes estratégicos. Es mucho más fácil estereotipar un grupo de personas y pensar de ellos como figuras de dos dimensiones.

No basta simplemente con tener una visión para alcanzar una comunidad y suponer que todo sucederá automáticamente. Se necesita una estructura y planes estratégicos.

Sin embargo, para entenderlos se requiere de estudio, interacción, reflexión, y tiempo. Algo menos que eso es una empresa que va al fracaso. Cuando hacemos suposiciones respecto a un grupo de personas, con frecuencia nos equivocamos, y ellos se resienten por el hecho de que no nos hemos preocupado lo suficiente para conocerlos. Haga su tarea. Es algo de suma importancia. Estudie la historia del grupo. No es suficiente leer un ensayo o dos. En mi caso, tuve que volver al salón de clases. Luego decidí que viajaría a otros países. Todavía tenía mucho que aprender acerca de la cultura de las minorías. Ir a sus restaurantes, comprar en sus tiendas, escuchar su música, y ver sus programas de televisión. Tal vez a usted le pueda parecer que eso fue una pérdida de tiempo, pero cuando usted puede citar a alguna de sus celebridades y hablar de sus comidas favoritas, usted está manifestando una genuina preocupación, ¡y el amor cubre una multitud de situaciones vergonzosas!

Comunique con sabiduría.

A través de los años he visto pastores que trataron de hacer muchos cambios muy rápidamente. Ellos volvieron a casa de una conferencia o de un tiempo personal con el Señor y anunciaron una nueva dirección para su iglesia, pero las ovejas no estaban listas para seguirlo. Para cualquier líder, la dirección clara de Dios es esencial, pero es importante que se comunique sabiamente cualquier cambio significativo de dirección. Yo creo en el método de comunicación "gota a gota". Primero, hable con un grupo pequeño de personas que lo conocen y quienes usted confía—puede ser su personal o sus más cercanos asociados en el ministerio. Cuando el primer grupo pequeño se manifiesta de acuerdo con la nueva visión, expanda su alcance al próximo grupo, tal vez la directiva, los ancianos, u otros líderes de importancia en la iglesia. Cuando hay un número suficiente de personas que creen en la visión, vaya a las clases y a los grupos para hablar a auditorios más amplios, y vaya acompañado de algunos de sus principales líderes, con el fin de que comuniquen el entusiasmo con que ellos ven el cambio. Si la iglesia piensa que usted es un llanero solitario y que nadie lo respalda, estará en graves aprietos. Si llega a ese punto, y efectivamente es un llanero solitario, ¡usted estará en dificultades todavía mayores! Cuando grandes grupos en la iglesia apoyan la nueva visión y estrategia, es tiempo de hacer una presentación a la iglesia en su totalidad. Sin embargo, se debe recordar que hay una relación inversa entre el tamaño del auditorio y la cantidad de detalles: a los grupos más grandes, menor cantidad de detalles.

Enseñe con valentía y claridad.

Use el púlpito para mover los corazones. Comparta su visión, comunique sus razones para el cambio, y presente fundamentos bíblicos para todo lo que haga. El pastor puritano Jonathan Edwards dijo que la tarea de un pastor es impartir "una sensación de Cristo en el corazón". El amor de Jesús, su bondad, compasión, y poder transforman a las personas. No se limite a entregar reglas, exigencias y estadísticas. Los detalles ciertamente tienen su lugar, pero lo que necesitamos es tener la seguridad de que hemos conectado a las personas con el corazón de Dios.

Uno de los principios que he predicado muchas veces y de muchas maneras es el de no atarnos emocionalmente a un edificio. Los propósitos de Dios son alcanzar a los perdidos y edificar su reino; no se limita a la construcción de edificios. Yo lo declaré muchas veces: "El pueblo que goza de vida no debiera estar emocionalmente atado a un objeto inanimado". La visión de Dios es mucho más grande que eso. Si Dios desea que nos movamos, debemos estar listos para ir. Prediqué este principio durante años antes de que pensáramos en trasladarnos a la ubicación que hoy tenemos. Entonces, cuando Dios nos dijo que vendiéramos el edificio en la carretera al aeropuerto y que construyéramos a unas pocas millas de distancia, nuestro corazón ya estaba preparado.

Del mismo modo, prediqué acerca de la inclusión y contra el prejuicio durante años antes de que Dios me hablara aquella noche en Indianápolis. Después de esa noche, mis sermones sobre este asunto fueron aun más certeros y urgentes. Incluso hablé acerca del corazón expansivo de Dios hacia toda la gente, de todas las culturas y compartí las historias acerca de Jesús y su trato con los samaritanos, con las mujeres, los niños, los griegos, los recaudadores de impuestos, las prostitutas, y con cualquier otro en su mundo. Muchas veces, repetí a nuestra iglesia que, como congregación, nuestras prioridades son: 1) propósito, 2)personas, 3) programas, 4) propiedad. El propósito de Dios es nuestra prioridad suprema. La propiedad se encuentran en la parte inferior de nuestra lista de prioridades.

Cuide su lenguaje.

Un pastor sabio, o un líder de iglesia jamás debiera mencionar el color o la etnia de cualquier persona. En este sentido debemos ser ciegos al color. Cuando decimos: "Ayer estuve hablando con un hombre negro respecto de este asunto", le hemos dicho a nuestro oyente que categorizamos a las personas, y ellos suponen que los hemos puesto en una escala de aceptables y no aceptables. Es probable que no hayamos querido decir eso, pero la comunicación es *lo que se oye*, no *lo que se dice*.

> Un pastor sabio, o un líder de iglesia jamás debiera mencionar el color o la etnia de cualquier persona. En este sentido debemos ser ciegos al color.

Con mucha frecuencia hacemos generalizaciones respecto al carácter de las personas, basados en el color de la piel, la vestimenta que usan, o el sector de la ciudad donde viven. Nunca comience declaraciones como esta: "La gente negra es..." "Los hispanos siempre ..." "Los asiáticos son..."

Mucha gente hace bromas respecto a los grupos étnicos. Los estereotipos de negros, judíos, ancianas, demócratas, republicanos, y otros grupos están en toda la Internet. Debemos evitar repetir cualquiera de ellos. No debemos repetir chistes étnicos. El precio de una carcajada es demasiado alto si aleja a una persona por la cual Cristo murió.

Y hablando de política, muchos grupos étnicos se sienten incomprendidos y condenados por los partidos políticos. Nuevamente, los pastores y líderes de iglesia deben sentar el ejemplo. Los debates acerca de decisiones políticas son importantes, pero debemos recordar nuestro compromiso de extender el amor de Cristo a toda persona. Algunos hacen diferencia entre los "pobres dignos de lástima" y los "pobres no dignos de lástima". La gente del primer grupo son las víctimas de algún desastre natural o accidente; los del segundo grupo son los que no tienen porque han tomado malas decisiones. Pero, ¿cuál hubiese sido la situación si Jesús hubiese venido y muerto solamente por los pecadores dignos de lástima—aquellos que no estuviesen realmente en falta por sus fracasos? ¡Él hubiera permanecido en el cielo! Todos nosotros somos pecadores indignos. Eso es lo que hace que la gracia sea tan magnífica. Yo no estoy abogando por un partido político o por un conjunto de políticas, pero deseo animar a los pastores y líderes de iglesias a que vean la política a través de las lentes de la misericordia *y* la justicia—no una o la otra.

¿Cómo responde usted cuando ve sucesos como la absolución de O.J. Simpson, las protestas después de que los policías fueron absueltos de golpear a Rodney King en

Los Ángeles, o las multitudes protestando por el asesinato de Trayvon Martin en Florida por un "vigilante voluntario de la vecindad"? Mucha gente blanca mueve la cabeza y se pregunta: "¿Qué están pensando esas personas?" En cambio, nosotros deberíamos preguntar: "¿Qué ideas y resentimientos se han acumulado en estas personas que bastó una chispa para provocar una explosión como ésta? No podemos relacionarnos con la gente de raza negra si no entendemos esos estallidos de ira ante tanta injusticia. En nuestro empeño de ser comprensivos, no tenemos que justificar los violentos amotinamientos, pero sí debemos hacer algunas preguntas y escuchar las respuestas. Podríamos aprender mucho, y sólo por escuchar, podríamos construir un puente de confianza.

Es necesario que tratemos la cultura de una persona con sumo respeto. Cuando en Calvary comenzamos nuestro cambio para ser una iglesia multicultural, le dije a nuestro personal y a los líderes que estábamos haciendo un compromiso de entender la cultura de cada persona que entrara por nuestras puertas, que valoraríamos aquellos rasgos únicos, y celebraríamos la diversidad, de modo que todos se sintieran bienvenidos. Podríamos suponer que todas las personas son como nosotros—¡o que debieran serlo! Pero esa no es la realidad de la vida. Todos hemos alido de una compleja historia de experiencias étnicas y personales, y todas esas experiencias dan forma a la vida. Si observamos atención, notaremos diferencias significativas en las maneras de ver el mundo del anciano de raza blanca, el joven profesional, el obrero, la madre soltera, el inmigrante de segunda generación, la persona de raza negra que creció en el norte del país, y muchas otras subculturas que podemos encontrar en una congregación. Si pensamos que estudiar las diferencias es una tarea tediosa, no podremos llegar al corazón de estas personas. Posiblemente algunos vendrán a nuestra iglesia por algún tiempo, pero no serán muchos, ni se quedarán por mucho tiempo.

Si usted no tiene una mezcla de diversas razas en su iglesia, tal vez su comunidad es extraordinariamente homogénea o la gente piensa que usted no entiende ni valoriza su cultura. Así es de simple.

Reconozca la importancia de la oración.

La oración es esencial en el liderazgo espiritual. Una rápida petición por bendición no es suficiente. Debemos asirnos del trono de Dios, adorar la maravilla de su grandeza y de su gracia, y pedirle que nos dé sabiduría y dirección para cumplir sus divinos propósitos. Durante la transición en Calvary Temple, oramos con frecuencia y fervientemente que Dios nos diera líderes de color, de modo que pudieran atraer aun más gente al Señor y a nuestra iglesia. Dios respondió esa oración dándonos un nuevo y maravilloso personal y miembros de la directiva.

Desearía poder informar que vimos una inmediata explosión de crecimiento, pero no fue así. Yo estaba todavía frustrado con la falta de crecimiento, aunque también estaba seguro de que habíamos seguido la clara dirección de Dios. Tenía que confiar que Dios nos daría el crecimiento en su debido tiempo y a su manera. Mi responsabilidad era permanecer en el timón del barco y no dejar que el desánimo nos hiciera cambiar el rumbo de la misión que Dios nos había encomendado.

Manténgase firme en las promesas de Dios.

Cuando enfrentamos tiempos difíciles, debemos permanecer firmes en el carácter y en las promesas de Dios. Cuando los vientos contrarios soplaron en nuestra contra, permanecimos firmes en nuestro propósito de avanzar contra el viento. Gwen y yo enfrentamos la muerte, el desaliento, y las distracciones, pero nunca nos desligamos de Dios ni de sus promesas. Fueron estas promesas las que nos mantuvieron en marcha en los momentos de oscuridad y de duda.

Dios no ha prometido respuestas sencillas ni un camino llano. Pero Él usa cada momento de frustración y de desaliento para nuestro bien, si es que confiamos en Él. Nunca nos dejará ni se olvidará de nosotros, nos guiará mediante el poder de su Palabra, el susurro de su Espíritu, y el sabio consejo de los suyos.

Sea persistente.

Si usted está convencido de estar en la voluntad de Dios, no renuncie si no ve los resultados que espera. Jesús dijo a sus discípulos: "Yo soy la vid verdadera, y mi Padre es el labrador. Toda rama que en mí no da fruto, la corta; pero toda rama que da fruto la poda para que dé más fruto todavía (Juan 15:1,2). La poda rara vez es una tarea grata, y las cepas por lo general se ven feas y desnudas durante un tiempo. Sin embargo, más tarde o más temprano crecen con renovado vigor y la vid produce más fruto que antes.

Resulta tentador glorificar el momento en que oímos el llamado a despertar; cuando el pastor recibe un claro mensaje de Dios para guiar a la iglesia en una nueva dirección. Para mí, ese momento en Indianápolis fue decisivo, pero sucedieron muchas cosas antes y después de él. Las palabras de Jerry McCamey fueron el mensaje del Espíritu de Dios para mí—para el cual había preparado mi corazón durante muchos años. Dios usó la desesperanza y la desilusión como preparación para que oyera su Palabra. Y después que le oí esa noche, pasé muchos meses preparándome, preparando a nuestros líderes, y a nuestra congregación para los cambios que enfrentaríamos juntos. El llamado a despertar vino durante un prolongado tiempo en que Dios preparó mi corazón y un tiempo igualmente prolongado en que yo debía preparar a la iglesia. Solamente depués de esto Dios desató sus bendiciones.

Considere lo siguiente:

1. ¿En qué forma ha sido el dolor una aguda herramienta en las manos de Dios para atraer su atención?

2. ¿Ha tenido alguna vez un llamado a despertar como el que yo tuve en Indianápolis? ¿De qué manera le habló Dios a usted? ¿Y cómo respondió?

3. ¿Cuáles son algunas maneras prácticas en que podemos sumergirnos en otra cultura (local o global) para entender sus valores, esperanzas, y temores?

4. ¿Por qué es importante comunicar gradualmente,
    con sabiduría y claridad, una nueva y atrevida visión?
    ¿Qué podría suceder si no lo hacemos así?

5. ¿Cuáles podrían ser algunas calificaciones únicas de las
    personas de diversas culturas que se añaden al personal
    de una iglesia?

6. Si usted ha tratado de ser más inclusivo en la visión y
    estrategia de su iglesia, ¿qué lecciones ha aprendido?
    ¿Qué debió hacer de manera diferente? ¿Qué victorias
    ha experimentado en el proceso de cambio?

7. Si aun no ha tratado de ser más inclusivo, ¿cuál será su
    próximo paso?

4

Contra la corriente

Cuando era niño, tuve sueños de ser un atleta velocista del equipo olímpico de los Estados Unidos. En mis primeros años de educación secundaria, el entrenador cronometró el tiempo de todos los estudiantes atletas, y mis sueños se truncaron. Después de todo yo no sería un velocista olímpico. Efectivamente, yo ni siquiera sería un velocista en un equipo de escuela secundaria. El cronómetro reveló que yo era un corredor lento, pero que tenía determinación. Pude correr distancias largas, porque me negaba a renunciar. En mi tiempo escolar gané muchas carreras de más de media milla [800 mt]. Mis carreras no eran tan espectaculares como la de los 100 metros planos, pero yo estaba hecho para las carreras de larga distancia.

La determinación que Dios me ha dado me ha servido en todo aspecto de la vida, incluso en el ministerio. No he sido el más destacado de los oradores, el mejor para diseñar

nuevos programas, o el más iluminado pensador en filosofía del ministerio, pero he sido tenaz. Aun en momentos
de oscuridad y de contrariedad, Dios me dio la voluntad
para seguir adelante—tal vez no con mucha rapidez, pero
al menos en la dirección correcta.

En mi tiempo de joven evangelista, tuve sueños de
hablar algún día en el Concilio General. Conforme pasaban los años, varios de mis amigos tuvieron oportunidad
de cumplir ese sueño, pero no sucedió así conmigo. Con
todo, no me desanimé. Yo estaba empeñado en edificar
una iglesia. Finalmente, cuando cumplí cincuenta años
de edad, llegó mi oportunidad. En 1987 fui invitado a
hablar el viernes por la noche en el Concilio General, en
la ciudad de Oklahoma. Estaba muy feliz. Y en el 2000 fui
probablemente el pastor más sorprendido en el auditorio,
cuando fui elegido para servir en el presbiterio ejecutivo
de las Asambleas de Dios. Ciertamente, he considerado un
gran honor que se me haya confiado una tan importante
responsabilidad.

Crecí en el hogar de un predicador itinerante y en
un pueblo pequeño. Mis padres no me dieron mucho en
cuanto a posesiones materiales, pero me dieron algo todavía más valioso: una mezcla de tenacidad y de esperanza.
Para mí, nada de importancia ha sucedido con facilidad.

Las cosas buenas en la vida tienen su costo. Durante sus
doce años de presidio en la cárcel de Bedford, John Bunyan
escribió El *Progreso del Peregrino*, considerado por muchos

como la más clara descripción de la vida cristiana que jamás se ha escrito, aparte de la Biblia.[9] John Milton perdió la vista antes de tener la visión del *Paraíso Perdido*.[10] Fue a través de sus ojos sin visión que Fanny Crosby pudo ver el brillo de la gloria de Dios y compuso muchos grandes himnos de fe y de adoración.[11] Martín Lutero fue hijo de un empobrecido minero del carbón, pero Dios lo usó para dirigir el más grande movimiento de gracia y de verdad que hubo desde los tiempos de Pablo.[12] Nelson Mandela sufrió en prisión durante veintisiete años antes de que se le concediera su libertad. Él pudo ser un amargado, pero Dios usó el aislamiento, el arduo trabajo, y el sufrimiento para suavizar su corazón, de manera que pudo dirigir un poderoso movimiento de reconciliación en Sudáfrica.[13]

Los visionarios sienten fascinación por las posibilidades del futuro, de modo que a menudo se encuentran "nadando contra la corriente" de la opinión popular. Cuando ven una clara posibilidad de lo que pudiera ser, están dispuestos a sacrificar cualquier cosa con el fin de que su sueño se vea cumplido. Robert Kennedy es autor de la famosa declaración: "Hay quienes miran las circunstancias, y preguntan, ¿por qué? Yo sueño lo que nunca ha sucedido y pregunto, ¿por qué no?" Algunos han muerto en la senda de su "visión cumplida". Efectivamente, la visión ha llegado a ser más importante que la vida misma. La mayoría de nosotros no moriremos para que se cumpla el sueño de Dios, pero debemos replantear nuestras preguntas: ¿Estamos dispuestos a resistir los inconvenientes y a la oposición para cumplir la visión de Dios para nuestra vida y para nuestra iglesia? ¿Estamos dispuestos a perder la familia, los amigos, los miembros de la directiva, los que aportan el apoyo económico, y los que asisten a la iglesia para responder al claro llamado de Dios de alcanzar a toda clase de personas en nuestra comunidad? ¿O estamos atados a la comodidad, la aprobación, y la paz a todo costo? Una visión siempre viene con su etiqueta de precio.

En toda iglesia en donde yo he servido como pastor, y en cada fase de la existencia de Calvary, desde que llegué hace cuatro décadas, he tenido que encarar luchas y adversidad. He tenido que ir contra la corriente día tras día y año tras año. No miro hacia atrás con resentimiento. Dios ha usado cada prueba para cambiar rumbos, abrir puertas, y moldear vidas—especialmente la mía. Todo ha sido provechoso.

> Dios ha usado cada prueba para cambiar rumbos, abrir puertas y moldear vidas—especialmente la mía. Todo ha sido provechoso.

El corazón de Jesús

Después de que Jesús me habló, y me dijo que nuestra iglesia era "demasiado blanca", comencé a prepararme y a preparar a la iglesia para un cambio de proporciones. Los viajes a México, América Central, América de Sur, y al Caribe nos ayudaron a entender las complejidades, la belleza y el poder de la cultura hispana, y nos dieron a docenas de nuestros líderes de iglesia y miembros un corazón llenos de amor por el pueblo hispano. Añadimos pastores negros e hispanos a nuestro equipo pastoral. Luego comenzamos a hacer cambios a nuestro directorio. Estos cambios pueden describirse con sólo unas pocas palabras, pero ocurrieron después de que los saturamos de oración y luego de muchas y prolongadas conversaciones con los líderes de la iglesia.

Durante ese tiempo, Dios profundizó mi convicción de que su corazón está abierto para toda persona, en Irving, en las comunidades vecinas, y en todo el mundo. Su gracia no conoce límites. Jesús vino a buscar y a salvar a los perdidos, a los que están privados del voto de representación, como también a los ejecutivos y a sus cónyuges, que manejan lujosos autos. Yo también estaba consciente de que las minorías con frecuencia sufren sencillamente por ser diferentes. Mis estudios en la universidad sobre la historia y la cultura de la gente de raza negra me habían mostrado la injusticia de etiquetar a la gente como inferior sencillamente por el color de piel, por la manera de hablar, por la alimentación, o por el lugar donde nacieron.

Yo deseaba alcanzar a la gente por la que nadie más se preocupaba. Cuando Irving comenzó a cambiar, yo noté más gente de color en nuestra ciudad, y lo cierto es que gente de todo el planeta se trasladó a nuestra comunidad. Cuando comenzamos a evangelizar a la gente de color, algunas personas de nuestra iglesia se distanciaron. Esa precisamente fue la experiencia de Jesús. Lucas nos cuenta que uno de los líderes religiosos, un experto en la ley, quiso sorprender a Jesús diciendo algo por lo cual habría sido condenado. Le hizo una pregunta que era objeto de continuo debate entre los eruditos de aquellos días: "Maestro, ¿qué tengo que hacer para heredar la vida eterna?" (Lucas 10:25).

Jesús vio de inmediato la intención y respondió a su vez con una pregunta: "Qué está escrito en la ley? ¿Cómo la interpretas tú?"

El hombre pudo haber recitado docenas, o aun centenares de mandamientos del Antiguo Testamento, pero refirió el *shema*, la ley final y su correspondiente corolario: "Ama al Señor tu Dios con todo tu corazón, con todo tu ser, con todas tus fuerzas y con toda tu mente", y: "Ama a tu prójimo como a ti mismo" (Lucas 10:27).

Sin embargo, el hombre se vio en un dilema. Comenzó con una pregunta para probar a Jesús, ¡pero ahora era Jesús quien lo probaba a él! Este hombre pudo haber hecho una pregunta sincera: "¿De que manera puedo ser un prójimo amoroso?" Pero, como quería limitar las posibilidades de aquellos a los que debía amar, solamente preguntó, "¿Quién es mi prójimo?"

Como respuesta, Jesús refirió una historia que lo exasperó. En la escena, un judío viajaba por el camino a Jericó. Fue asaltado por ladrones que lo golpearon, le robaron, y lo dejaron medio muerto. Cuando yacía junto al camino, un sacerdote pasó por allí. Iba camino al templo. Si tocaba al hombre herido quedaba ceremonialmente inmundo, de modo que pasó de largo. Él no permitiría que persona alguna interfiriera con sus labores en el templo, especialmente alguien que necesitaba la atención que se da a un moribundo. Luego pasó por allí un levita, que era un auxiliar del sacerdote. Tampoco él estuvo dispuesto a contaminarse por tocar al hombre, de modo que se apartó del camino, lo más lejos posible.

Luego, la historia adquiere un giro dramático. Un samaritano iba rumbo a Jericó. Cuando vio al judío tendido en el suelo, se detuvo para ayudarlo. Casi podemos oír el grito de asombro de la gente que escuchaba a Jesús. ¿Un samaritano? ¿Cómo podía Jesús presentar a un samaritano como el héroe de la historia? Este hombre lavó las heridas del viajero, lo vendó, lo puso sobre su cabalgadura, y lo trasladó a una posada. Allí, pagó por el alojamiento del hombre, por su alimentación y cuidado, y ofreció pagar cualquier otro gasto que fuera necesario para su recuperación.

Jesús pudo haber causado una muy buena impresión si el hombre que ofreció la ayuda a la víctima de los golpes y del robo hubiese sido otro judío. Al poner como héroe a un samaritano, estableció un criterio muy elevado. Quiso enseñar que nadie está fuera de nuestra lista de "prójimos". Si un aborrecido samaritano se detuvo para ayudar a un judío, nadie está fuera de esa categoría. Toda persona en el planeta es alguien a quien Dios quiere que amemos, no

Toda persona en el planeta es alguien a quien Dios quiere que amemos, no desde la distancia, filosóficamente, o sin costo para nosotros, sino de manera íntima, sacrificada y deliberada.

a la distancia, filosóficamente, o sin costo para nosotros, sino de manera íntima, sacrificada, y deliberada.

Con frecuencia queremos desenvolvernos en un entorno saludable, limpio, y seguro. Preferimos estar con gente como nosotros, que piensen como nosotros, que crean lo que creemos, que coman las cosas que nosotros comemos, que jueguen como jugamos y que se porten como nosotros. Jesús hizo estallar esa manera de ver la vida. Él tenía un conjunto de valores completamente diferente. Lo más importante no es la seguridad. La vida de Jesús se caracterizó por el amor, la inclusión, el sacrificio y el riesgo de ir más allá de su entorno, y esa fue también su enseñanza, y el modelo que estableció para cada uno que dice conocerlo y amarlo.

En Calvary Temple, yo no tenía un gran presupuesto para organizar un programa de alcance a la gente de color, pero tampoco necesitaba grandes recursos para observar, orar, invitar, y seleccionar líderes que tuvieran el anhelo de alcanzar a los diversos grupos étnicos. Eso fue lo que hizo Jesús; yo podía hacerlo también.

En esos años fue como si me hubiera quitado una venda de los ojos. ¿Acaso no había leído antes estos pasajes de las Escrituras? Por cierto, docenas de veces. También había predicado de ellos muchas veces. Pero repentinamente los leía con un nuevo significado, con una nueva intensidad, y con nueva receptividad. Me di cuenta de que no se trataba de alcanzar a otras personas de raza blanca, que eran levemente diferentes. (Es asombroso cómo podemos establecer firmes líneas divisorias entre la gente que es muy semejante a nosotros. Discutimos con partidarios de otros equipos deportivos y miramos con desdén a gente que es de otra región del país, de otro sector de la ciudad, cuyo color de cabello es diferente al nuestro, y así por el estilo. Podemos establecer grandes diferencias de leves variaciones.) Estos pasajes, y el corazón de Dios, me impulsaron a pensar de manera mucho más amplia. Mi prójimo es cualquier persona en el mundo, especialmente cualquier persona que pueda beneficiarse del ministerio de nuestra iglesia. Ese es un gran universo de necesidades, anhelos, esperanzas, y sueños.

En ese tiempo Irving tenía varias iglesias grandes, pero de lo que yo sabía, ninguna de ellas estaba alcanzando a otros grupos étnicos. Nuestra ciudad rápidamente se convertía en un crisol donde se fusionaban diversas culturas, pero las iglesias seguían firmes en su homogénea rigidez. Dios estaba enviando el campo misionero a nuestras propias puerta, o por lo menos a nuestra vecindad.

La retirada

Estaba muy conmovido por la dirección que Dios estaba dando a nuestra iglesia. *Parecía* algo adecuado, porque *era* lo adecuado. Cuanto más oraba, Dios tanto más confirmaba su llamado a la inclusión como la dirección en que debíamos orientar nuestro ministerio. Al leer las Escrituras, veía pasaje tras pasaje que confirmaba que estábamos en la senda recta. Yo nunca me había sentido tan seguro de la dirección de Dios.

Cuando Jesús fue más allá de los límites normales de su cultura para tocar a los leprosos, a las mujeres, a los niños, a los ciegos, y a los extranjeros, los líderes religiosos se sintieron indignados. Cuando hicimos el cambio de rumbo en Calvary, nadie vino furioso donde mí (aunque posiblemente hubo algunos que expresaron su ira en conversaciones privadas). La desaprobación se manifestó de maneras sutiles: comencé a notar que algunas personas dejaron de asistir los domingos. No recibí cartas enardecidas de parte de ellos; sencillamente comenzaron a asistir a otras iglesias. Ninguno de ellos dijo: "Pastor George, yo soy racista y no quiero estar en una iglesia donde hay negros e hispanos". La gente sencillamente dejó de asistir a Calvary Temple.

Un año después de que decidimos evangelizar a gente

> No recibí cartas enardecidas de parte de ellos; sencillamente comenzaron a asistir a otras iglesias.

de color, dos de nuestros líderes laicos más influyentes dejaron la iglesia por este motivo y con unos pocos días de diferencia. Uno de ellos había sido miembro de Calvary por muchos años y además había sido uno de nuestros mayores donantes. El otro fue una persona que era sin lugar a dudas el laico más respetado de nuestra congregación. En cada sector de la comunidad de nuestra iglesia la gente valoraba su ejemplo de vida con Dios, su integridad personal, y su corazón de siervo. Uno de estos hombres fue miembro de nuestra iglesia durante trece años; el otro, durante diecisiete años. En sólo una semana, dos hombres en los que había invertido un total de treinta años, me anunciaron su decisión de dejar Calvary Temple.

No fue una conspiración. Ellos no vinieron juntos a mi oficina a exigir un cambio. Cada uno de ellos, individualmente, me comunicó que ellos y su familia habían decidido dejar la iglesia.

Como se puede entender, yo quería saber en qué iglesia se establecería cada una de estas familias. Ambos llevaron a su familia a iglesias que eran más exclusivas, que inclusivas. Esa elección me dijo todo lo que quería saber. Ellos aparentemente se sentían incómodos con la dirección que Dios nos había mostrado de alcanzar a las minorías.

En ese mismo tiempo, hubo varias familias con niños que dejaron nuestra iglesia. Estos padres declararon que se sentían incómodos de que sus hijos tuviesen que compartir cada semana con la creciente población de negros, hispanos, y asiáticos en nuestro ministerio a los niños. En los servicios de adoración en nuestro auditorio, la gente podía entrar y salir sin que tuvieran que conectarse con gente de otras razas, pero los ministerios para niños y jóvenes son mucho más interactivos, y para algunos padres, mucho más amenazantes. Aun cuando algunos de los niños eran párvulos, estos padres no querían que sus hijos e hijas desarrollaran una amistad con gente de otras razas. Estos padres no querían que sus hijos se enamoraran de alguien que no fuera de su mismo color. Los matrimonios interraciales son más comunes hoy. Sin embargo, sólo una década atrás, muchos padres blancos se horrorizaban ante la posibilidad de que sus hijos se casaran, o peor que eso, tuviesen un hijo sin estar casados, con una persona negra, hispana, o asiática. Una de estas madres explicó: "Estamos buscando un grupo juvenil más estable para nuestra hija". Creo que sé exactamente lo que ella quería decir.

Una joven pareja vino a mí cierto día para avisarme que se iban de Calvary Temple. Ambos tenían una muy buena preparación académica, y él era dueño de un negocio. Tenían dos hijos pequeños. Cuando se sentaron en mi oficina, él comenzó diciendo: "Pastor George, nos vamos de la iglesia porque no queremos que nuestros niños estén juntos con niños negros". Hizo una pausa y luego explicó: "pero queremos que sepa que no es por racismo".

No supe qué decir. Con la mirada probablemente le dije que no entendía cómo podía hacer una declaración tan contradictoria. Él repitió: "No, no somos racistas en lo absoluto. Simplemente no creemos que sea lo mejor para nuestros hijos estar juntos con niños negros. De eso se trata. Gracias por los años que hemos estado aquí". Y pasaron el umbral, para nunca volver.

El temor es lo que está detrás de muchas percepciones y muchas decisiones que toma la gente. En nuestra iglesia, el temor de lo desconocido y el temor de perder el control parecía ser lo que tenía muchas de las decisiones que tomó la gente durante los años de transición. Muchas de las personas blancas de Calvary Temple nunca habían tenido algún amigo negro o hispano en su vida. Ellos habían estado cerca de ellos toda su vida, pero nunca habían tratado a uno de ellos como su par. Ahora, repentinamente, nuestra iglesia les pedía que quebraran el estereotipo y que enfrentaran sus temores, algo que algunos de ellos sencillamente no estaban dispuestos a hacer. Los padres se mostraban especialmente temerosos

> El temor es lo que está detrás de muchas percepciones y muchas decisiones que toma la gente.

y reacios a seguir adelante, porque querían "proteger" a sus hijos. ¿Protegerlos de qué? Al proteger a sus hijos de la interacción con gente de otras culturas, los estaban privando de la riqueza que hay en la diversidad cultural. La protección que procuraban para ellos tenía una apariencia de seguridad, pero les impedía mostrar el amor de Cristo a otras personas. Aunque se sintieran más cómodos con la compañía de "su propia gente", ellos y sus hijos se privaban de mostrar el corazón de Dios. Al hacer un balance, pienso que esa decisión le costó muchísimo a esos padres y a sus hijos. En la interacción familiar, ellos se privaron de maravillosas conversaciones respecto al importante tema de la raza y la gracia de Dios, la oportunidad de experimentar y expresar el amor de Cristo, y la posibilidad de tener un impacto mucho mayor en la comunidad.

Para "proteger" a sus hijos, muchos padres han retirado a sus hijos de la escuela pública. Ellos consideran que los niños de color tienen más tendencias criminales, más riesgo de abusar sexualmente de otros, y más violentos que los niños blancos. Por tanto, el deseo de seguridad está mezclado con un poderoso sentimiento de superioridad. Estos padres envían sus hijos a escuelas privadas o semiprivadas, o bien les imparten enseñanza en el hogar. Ciertamente no estoy sugiriendo que cada padre que tiene hijos en una de estas escuelas es por prejuicio, pero para algunos esa es la verdad. En la actualidad, estamos a décadas de distancia del Movimiento de los Derechos Civiles, de Rosa Parks, Martín Luther King Jr., y del Acta de los Derechos de los Votantes. En nuestra sociedad, las duras y negativas líneas de racismo se están suavizando. Sin embargo, con mucha frecuencia, estas líneas son muy marcadas y divisorias en muchas de nuestras iglesias.

Es irónico que algunas de las personas que se mostraron más molestos por tener que sentarse en nuestro servicio de adoración junto a gente negra o hispana, fueron también los que apoyaron con más firmeza nuestros viajes a América Latina a predicar el evangelio. Ellos dieron generosamente para construir hospitales, iglesias y escuelas en tierras lejanas. Mientras "esas personas" permanecieron "allá", ellos se sintieron cómodos, pero cuando la gente de color entró por las puertas de nuestra iglesia, la gente blanca de nuestra iglesia se sintió inquieta. Ellos se sintieron felices de dar generosamente para alcanzar a la gente en lugares distantes, mientras ellos se mantuvieran allá lejos. Sin embargo, para muchos de ellos, no era una opción tratar como iguales a gente de otras etnias.

Yo estaba muy entusiasmado respecto a la dirección que Dios nos había dado, y estaba seguro de que creceríamos cuando alcanzáramos a las minorías de nuestra comunidad. Pero aun no crecíamos. El quieto éxodo de gente blanca casi igualó el ingreso de las minorías, de modo que permanecimos en el mismo nivel por varios años. Yo estaba preocupado, pero no frustrado. Estaba muy seguro de que estábamos directamente en el centro de la voluntad de Dios.

Hay que tener en cuenta el costo

Cuando Dios me dio la visión de alcanzar a otros grupos étnicos, yo hice planes de avanzar lentamente y preparar a nuestra gente para el cambio, pero con toda sinceridad, yo era un poco ingenuo y no preví lo que podría suceder. Estaba tan emocionado respecto a la nueva dirección que no pude imaginar que habría tanta resistencia. Subestimé la naturaleza humana. Nos movimos lenta y cuidadosamente, y añadimos gente muy competente a nuestro personal. Una vez más, yo estaba seguro de que la excelencia de estos nuevos pastores conquistaría la confianza de la gente de nuestra iglesia. Después de unos pocos años de cuidadosa y calculada transición, me sorprendió que algunas personas abandonaran Calvary Temple. Sin embargo, yo estaba seguro de que si alguien se retiraba, Dios traería a diez a nuestro redil. Yo no sabía cuándo, pero estaba seguro de que estábamos en armonía con el corazón y la voluntad de Dios.

> Estaba tan emocionado respecto a la nueva dirección que no pude imaginar que habría tanta resistencia. Subestimé la naturaleza humana.

Cuando la gente se fue, yo no lo tomé como algo personal. Sentí que estaba siguiendo la voluntad de Dios, y que no era mi responsabilidad que la gente más antigua se quedara. En la conversación con la gente que decidió salir de Calvary, les preguntaba por qué se iban, trataba de compartir mi entusiasmo respecto al futuro, y les pedía que se quedaran y que fueran parte de la bendición. Pero si ellos insistían en irse, les daba mi bendición. Yo deseaba que Dios derramara su Espíritu sobre ellos donde fueran. Ellos eran los hijos de Dios, no los míos, de modo que los dejé ir con dignidad.

Mi valor como persona no depende de si la gente se queda o se va de nuestra iglesia, o de si ellos se unen o resisten la visión que Dios nos ha dado. El amor, el perdón, y la aceptación de Jesucristo son suficientes para proveer un firme fundamento para mi vida y ministerio. La gracia de Dios es tan grande que yo nada gano con el éxito ni nada pierdo con el fracaso. Conozco pastores mayores que se sienten incómodos cuando los pastores más jóvenes de su equipo conquistan el cariño de la congregación. Sinceramente, eso no me molesta en lo absoluto. Efectivamente, yo celebro los éxitos de los demás miembros de nuestro equipo pastoral. Pablo llamó a los creyentes en Tesalónica "mi gozo y mi corona". Esa es la manera como me siento respecto a nuestro personal, a nuestros voluntarios, y a cualquiera que responde a la gracia de Jesucristo. Es mi mayor gozo ver que Dios los usa. También he conocido a pastores que son firmemente territoriales. Ninguna otra iglesia puede instalarse cerca de ellos. Pienso que eso es una niñería. El reino de Dios es amplio y profundo. Él puede usar una iglesia para alcanzar a ciertas personas y otra iglesia para alcanzar a otro grupo de personas. Si un pastor quiere construir una nueva iglesia al otro lado de nuestro estacionamiento, que Dios lo bendiga. ¡Yo espero que Dios lo use para alcanzar a muchos con su gracia y poder!

Un amigo me preguntó cómo era que Dios me había dado tal seguridad que no me siento amenazado muy fácilmente por el éxito, el fracaso, o la competencia. Le contesté que en mi niñez observé a mi padre servir incansablemenete y con gozo. Su ejemplo quedó grabado en mi corazón. Nuestra familia era tan pobre que nunca sentimos la amenaza de perder algo de valor. También, nos mudábamos con tanta frecuencia que yo tenía que depender de Dios como fuente de fortaleza y solaz. Estos factores dieron forma a mi vida. Más tarde, cuando me porté neciamente en la iglesia de Baton Rouge, no tuve necesidad de defenderme. Estaba equivocado, completamente equivocado. El único refugio fue aprender las lecciones que Dios me enseñó a través de mi fracaso.

Pero hay aun una roca más importante que sirve como sólido fundamento de mi seguridad. Yo entiendo que algunas personas ingresan al ministerio porque anhelan la fama y el poder. Esa no es mi experiencia en lo absoluto. Yo fui pastor sólo cuando estuve completamente convencido de que tenía un claro llamado de Dios. En su libro *Discursos a mis estudiantes*, el escritor británico Charles Spurgeon, escribió:

La primera señal del llamamiento celestial, es *un deseo intenso, que todo lo absorba, de emprender esa obra.* ... "No entréis en el ministerio *si podéis evitarlo*," fue el consejo profundamente sabio que dio cierto teólogo a uno que le consultaba su opinión. Si algún estudiante de entre los que esto escuchan o leen, pudiese darse por satisfecho con ser editor de un periódico, comerciante, agricultor, doctor, abogado, senador o rey, en nombre del cielo y de la tierra, que siga su camino: no es el hombre en quien mora el Espíritu de Dios en su plenitud [énfasis del autor].[14]

Cuando Dios me dio la absoluta certeza de su llamado al ministerio, puede desechar cualquier aparente amenaza contra mi seguridad e importancia. Puse mi vida, mi corazón, mi futuro, y mi reputación en manos de Dios. Estaba seguro de que Él podría encargarse de todo mucho mejor que yo.

Mi visión es preparar diez hombres o mujeres jóvenes que establezcan iglesias más grandes que Calvary, y que puedan predicar con mucha más eficacia que yo. Cuando eso suceda, yo habré cumplido mi labor. ¿Amenazado por el éxito de ellos? De ninguna manera. Me siento feliz cuando Dios usa a mi equipo de manera poderosa, porque los éxitos de ellos cumplen la visión de Dios para mi vida.

Algunos han oído la historia de la transición de Calvary en los años recién pasados y se han maravillado de la manera en que

¿Amenazado por el éxito de ellos? De ninguna manera. Me siento feliz cuando Dios usa a mi equipo de manera poderosa, porque los éxitos de ellos cumplen la visión de Dios para mi vida.

ha sucedido. Yo les digo: "Lo principal y lo más importante es que en lo más íntimo de su alma usted tenga la convicción de que está cumpliendo la voluntad de Dios. Cuando usted estudia las Escrituras y escucha al Espíritu, ¿puede darse cuenta de que el ministerio de inclusión es la única opción válida y que honra a Dios, o todavía es algo negociable? Cuando usted responda a esa pregunta, estará listo para seguir adelante … o no". Cuando usted confía en la voluntad de Dios, podrá soportar cualquier tormenta.

Cuando seguimos a Cristo, puede que no veamos el éxito de inemdiato, y puede que nunca lo veamos. La garantía del éxito no es un prerequisito para nuestra obediencia, pero la obediencia siempre es necesaria para que haya un verdadero éxito que honre a Dios. Cuando salimos del bote y nos arriesgamos, tal vez nos sentiremos inseguros respecto de algunos pasos que demos. Nunca antes los hemos dado, de modo que es normal que nos sintamos inseguros. No hay garantías de que el viaje será expedito. Podemos esperar que haya resistencia y crítica. No somos mayores que nuestro Maestro, ¿verdad? Jesús fue blanco de crítica cuando dejó que una prostituta ungiera sus pies con perfume y que los mojara con sus lágrimas. Fue ridiculizado por recibir como amigos a cobradores de impuestos y a otros pecadores. En cierto momento, sus enemigos estaban tan disgustados que al no poder pensar en algo suficientemente hiriente, ¡lo llamaron samaritano! En su mente, esa era la expresión más ofensiva. Pero todo eso no fue impedimento para que

alcanzara a todo tipo de personas, aun a los samaritanos …
y aun a aquellos que le dieron muerte.

Si Jesús se despojó de la gloria y de las riquezas del cielo
para establecer contacto con nosotros, también nosotros
podemos salir de nuestra comodidad habitual para establecer lazos de amistad con la gente de otras razas y culturas.
Cuando entendemos lo que hay en el corazón de Dios, nos
damos cuenta que nuestro campo de misión no es solamente la vecindad al otro lado del pueblo; incluye también
a aquellos que están al otro lado del mundo. Con frecuencia citamos las palabras de Jesús: "Porque tanto amó Dios
al mundo, que dio a su Hijo unigénito … " (Juan 3:16). Él
no solamente ama a la gente de clase media, a los de habla
inglesa, a los que hacen lo recto, a la gente blanca. Él ama
a aquellos que tienen otro punto de vista, aun a aquellos
que lo aborrecen. El campo de misión comienza cuando
salimos del estacionamiento de la iglesia. Jesús murió para
salvar a todos en el planeta, no solamente a la gente que nos
inspira seguridad.

Los pasos prácticos de cambio requieren paciencia, perseverancia, sabiduría, y buena comunicación. Los cambios
que hicimos en Calvary en cuanto al personal, la directiva,
los mensajes, y nuestra estrategia, fueron algo gradual.
Seleccionamos cuidadosamente al personal y elegimos
gente de color para nuestro directorio. Estábamos, y aun lo
estamos, en un programa educacional sin fin, de impartir la
perspectiva de Dios a nuestra gente. Cuando ellos sienten

el definido llamado de Dios a la diversidad, están tan listos a aceptarlo, como yo lo estoy.

Primer siglo, primeros pasos

Las primeras décadas del movimiento cristiano vieron un cambio radical. Si pensamos que tenemos obstáculos que saltar, necesitamos estudiar la vida y los tiempos del mundo romano. Las divisiones étnicas eran marcadas y firmes. La gente estaba dividida en los de adentro y los de afuera, pero las líneas divisorias cambiaban, dependiendo de quien las marcara. A los cristianos de Galacia les era difícil integrar la fe a su vida. Ellos luchaban con el nivel de diversidad que podían aceptar, y bajo qué condiciones. Pablo rompió todos esos esquemas y borró sus líneas divisorias cuando les escribió:

> Todos ustedes son hijos de Dios mediante la fe en Cristo Jesús, porque todos los que han sido bautizados en Cristo se han revestido de Cristo. Ya no hay judío ni *griego, esclavo ni libre, hombre ni mujer, sino que todos ustedes son uno solo en Cristo Jesús. Y si ustedes pertenecen a Cristo, son la descendencia de Abraham y herederos según la promesa (Gálatas 3:26–29).

A nosotros nos cuesta entender lo revolucionarias que fueron las palabras de Pablo. Él desafió a la cultura prevaleciente, y en efecto, la trastornó completamente. De ello surgen algunas preguntas: ¿Cuál es el llamado que Dios nos ha hecho en cuanto a la diversidad y la inclusión? ¿Cuánto más insistiremos en categorizar a la gente como "aceptable" o "inaceptable"? ¿Cuántas líneas quedan en nuestra lista para distinguir entre "los de adentro" y "los de afuera"? Cuando la gente de nuestra comunidad conversa con sus amigos, ¿qué dicen de nosotros? ¿Se sienten excluidos, tolerados, o afectuosamente acogidos?

Pablo comparó nuestra convivencia en la iglesia cristiana con nuestro cuerpo físico. En el más conocido y extenso de sus discursos acerca de este tema, él expresó los conceptos culturales que prevalecían. Las diferentes culturas usan sus propias listas para separar a la gente en categorías, para incluir a algunos y excluir a otros. Es propio de la naturaleza humana usar estos cajones, pero Pablo los dejó a un lado. En el cuerpo de Cristo nos necesitamos unos a otros para sobrevivir y para crecer, y toda persona cumple un papel importante. Él explicó que aquellos que normalmente se consideran de menos importancia son realmente los más importantes, y aquellos que tienen menos figuración, son absolutamente esenciales. Sin embargo, cada parte responde a la Cabeza, a Cristo. Pablo explicó,

> De hecho, aunque el cuerpo es uno solo, tiene muchos miembros, y todos los miembros, no obstante ser muchos, forman un solo cuerpo. Así sucede con Cristo. Todos fuimos bautizados por un solo Espíritu para constituir un solo cuerpo —ya seamos judíos o gentiles, esclavos o libres—, y a todos se nos dio a beber de

un mismo Espíritu. Ahora bien, el cuerpo no consta de un solo miembro sino de muchos. Si el pie dijera: «Como no soy mano, no soy del cuerpo», no por eso dejaría de ser parte del cuerpo. Y si la oreja dijera: «Como no soy ojo, no soy del cuerpo», no por eso dejaría de ser parte del cuerpo. Si todo el cuerpo fuera ojo, ¿qué sería del oído? Si todo el cuerpo fuera oído, ¿qué sería del olfato? En realidad, Dios colocó cada miembro del cuerpo como mejor le pareció. Si todos ellos fueran un solo miembro, ¿qué sería del cuerpo? Lo cierto es que hay muchos miembros, pero el cuerpo es uno solo. El ojo no puede decirle a la mano: «No te necesito.» Ni puede la cabeza decirles a los pies: «No los necesito.» Al contrario, los miembros del cuerpo que parecen más débiles son indispensables, y a los que nos parecen menos honrosos los tratamos con honra especial. Y se les trata con especial modestia a los miembros que nos parecen menos presentables, mientras que los más presentables no requieren trato especial. Así Dios ha dispuesto los miembros de nuestro cuerpo, dando mayor honra a los que menos tenían, a fin de que no haya división en el cuerpo, sino que sus miembros se preocupen por igual unos por otros. Si uno de los miembros sufre, los demás comparten su sufrimiento; y si uno de ellos recibe honor, los demás se alegran con él. Ahora bien, ustedes son el cuerpo de Cristo, y cada uno es miembro de ese cuerpo (1 Corintios 12:12–27).

Lo que Pablo quiere decir es que nuestra nueva identidad en el cuerpo de Cristo destruye las antiguas distinciones de raza y de etnicidad ("judíos o griegos") y las de superioridad social ("esclavos o libres"). En Cristo, las barreras tradicionales son rotas, desechadas, y superadas. El pasaje describe la manera en que este nuevo cuerpo, rico y diverso, opera bien sólo cuando las partes que con frecuencia son menospreciadas reciben el debido honor. La perspectiva de Pablo nos alienta a valorar a las personas de otras razas, culturas, condiciones socio-económicas, también a quienes tienen otros talentos y dones espirituales. El cuerpo sufre si cualquiera de los miembros es herido o menospreciado, pero celebra con regocijo cuando cada parte recibe respeto, honra, y amor.

¿Creemos esto? ¿Tenemos una profunda convicción en nuestra alma de que Dios se deleita en la diversidad? Las cosas que lo complacen deben ser nuestro motivo de complacencia, y las cosas que quebrantan su corazón debieran quebrantar el nuestro. ¿Por qué, entonces, tantos cristianos resisten la voluntad de Dios respecto a la inclusión? Cada persona aporta algo. Cada cultura añade visión y riqueza al tapiz de la vida cristiana. Cuando excluimos a las clases y a las razas, estamos deshonrando, estamos desechando el plan de Dios, ¡y nos privamos de deliciosos platos en los eventos de la iglesia!

> En Cristo, las barreras tradicionales son rotas, desechadas, y superadas.

Más allá de los conceptos

En algún punto, tendremos que ir más allá de la filosofía y de la teología a la práctica. Hace algunos años, yo trotaba todos los días alrededor de un lago. Una mañana noté a un hombre de apariencia desaliñada y pobre. Lo vi al día siguiente y también al otro, sentado en un banco o tendido en el pasto. Obviamente estaba muy solo y probablemente no tenía hogar. Pronto comenzamos a saludarnos. Un día, tuve la impresión de que el Señor me decía: "Hazte amigo de ese hombre".

A la mañana siguiente, me detuve para presentarme. Él respondió, "Mi nombre es Raymond". Gradualmente nos conocimos. En efecto, él era un desamparado, no tenía donde vivir. Cuando me enteré de su tragedia, Dios me dijo que le diera cinco dólares cada mañana. Con frecuencia, me detenía en una venta de café después de trotar. Pronto él apareció allí también. Cuando lo vi, puse un billete de cinco dólares sobre su mesa para su desayuno y conversé con él un rato. Puede que haya sido ésta su única comida en el día.

Con los años, mis rodillas comenzaron a debilitarse. En los tres últimos años no he podido trotar, y perdí contacto con Raymond. Hace poco, un amigo que solía trotar conmigo cuando estaba en la ciudad, vino por unos pocos días. Él también conocía a Raymond, y durante su visita corrió alrededor del lago. Aun después de estos años, Raymond todavía estaba en el parque. Mi amigo se detuvo para conversar con él. Preguntó a Raymond, "¿Te acuerdas de Don George?"

"Seguro que sí", respondió Raymond. "¿Qué es de él?"

Tuvieron un buen rato de conversación. Cuando supe acerca del encuentro, me hizo recordar que un pequeño gesto de bondad puede construir puentes entre las personas. Yo pude haber corrido cada día sin detenerme a hablar con Raymond, pero ambos habríamos perdido algo precioso. Para esa buena relación sólo se necesitó de un corazón abierto y unos pocos minutos de tiempo para comunicar el amor de Dios a un hombre que necesitaba desesperadamente un amigo.

Habrá resistencia, y enfréntela con gracia, amor, y fortaleza. No exija que la gente acepte su visión y la voluntad de Dios. Enseñe con firmeza y sea ejemplo de tenacidad. Muchos captarán lo que hay en su corazón, pero algunos no lo harán. Es inevitable. No reaccione defensivamente. Déjelos ir con dignidad. Bendígalos cuando se vayan.

Nuestro primer desafío es ser sinceros respecto a estos asuntos, de modo que todos sepan hasta donde estamos dispuestos a ir. No manejaremos bien la resistencia si no estamos seguros de nuestro llamado.

Considere lo siguiente:

1. ¿Por qué la determinación es más importante que el
    brillo en el ministerio? ¿Cree usted que lo es?

2. ¿Cuáles fueron algunas de las maneras en que los reli-
    giosos de adentro resistieron y se molestaron porque
    Jesús manifestó amor a los de afuera? ¿Cómo manejó
    Él la oposición?

3. ¿Cómo hubiese manejado usted esa oposición?

4. ¿Qué es lo que hace que los pastores y otros líderes se sientan amenazados?

5. ¿En qué manera la certidumbre de nuestro llamado nos ayuda a no ver la resistencia como amenaza?

6. Si usted ha estado conduciendo a su iglesia a través de una transición a la diversidad, ¿qué clase de rechazo ha experimentado? ¿Qué le ha ayudado a permanecer firme y con una buena actitud? Si no ha pasado por esta transición, ¿qué clase de rechazo podría experimentar? ¿Cómo lo enfrentaría?

7. Lea 1 Corintios 12:12–31. ¿De qué modo están usted y su iglesia celebrando la diversidad y honrando a las diversas razas y clases de personas? Explique su respuesta.

5

Una puerta
más amplia

A comienzos de 2001, la fisonomía de nuestra iglesia estaba cambiando, pero el promedio de quienes asistían estaban todavía obcecadamente estancados. Fue un tiempo extraño para mí porque tenía la completa seguridad de que estábamos en la voluntad de Dios en nuestro anhelo de alcanzar a los diversos grupos étnicos de nuestra comunidad, pero me preocupaba el hecho de que Calvary Temple no estaba creciendo. Los líderes de la iglesia nacional decían: "Las iglesias crecen o declinan. No permanecen en el mismo lugar por mucho tiempo." En ese momento la asistencia a Calvary no había aumentado ni disminuido más de cien en los promedios anuales en los últimos diez años. Me preocupaba que nuestra iglesia estaba al borde de una abrupta caída.

Decidí que haría una encuesta en la congregación para saber qué opinaba la gente acerca de la dirección en que íbamos como iglesia. Quería estar informado de las necesidades y las oportunidades que posiblemente habíamos pasado por alto. Quería determinar el nivel de interés que la gente tenía en cuanto a cada aspecto de la vida de la iglesia.

Este no sería un estudio rápido ni superficial. Dedicamos tres domingos a que la gente escribiera valores, anhelos, esperanzas, frustraciones, y evaluaciones de todos nuestros ministerios. También quería información demográfica actualizada: dónde vivía la gente, raza, nivel económico, edad, cantidad de hijos, y otros datos pertinentes. Durante el culto de adoración dimos tiempo para que la gente llenara la encuesta. Además enviamos el formulario por correo a cada persona en nuestra lista de miembros. No quisimos que nadie quedara fuera.

Realimentación

De las respuestas que recibimos muchas eran bastante predecibles, pero una pocas eran impresionantes. Me di cuenta de que la gente que asistía al culto del domingo en la tarde era más bien por lealtad a mí. Ellos asistían porque yo los invitaba, pero no vendrían si yo no lo pidiera ni lo esperara. Descubrí que el culto del miércoles no cumplía su propósito. Además descubrimos otras verdades que nos sorprendieron: Calvary Temple había crecido mucho hacia adentro, era muy vieja, y era claramente dominada por los hombres.

La participación de los nuevos creyentes

El dato más revelador de la encuesta fue que no habíamos hecho un gran esfuerzo por alcanzar a los inconversos e invitarlos a ser parte de la iglesia. Descubrimos que sí habíamos alcanzado a personas de otras iglesias. Pero la encuesta claramente revelaba que quienes habian respondido al llamado al altar en alguno de nuestros servicios generalmente se sentían confundidos y solos. No habíamos explicado debidamente los siguientes pasos en el evangelio, ni como establecer conexiones para que puedieran crecer en la fe. Me sentí muy sorprendido con esta información.

Después de unas pocas semana, terminamos de recopilar y tabular toda la información. El siguiente domingo me paré ante la congregación y anuncié: "Hemos hecho bien algunas cosas y hemos fallado en otras. Ya sabemos lo que ustedes quieren, y hemos decidido que haremos algunos cambios. Yo no estoy aquí para simplemente recibir a personas que vienen de otra congregación. Estamos contentos de que muchos estén viniendo a nuestra iglesia, pero Dios nos ha llamado a buscar a los perdidos y a ayudarlos a convertirse en discípulos de Jesucristo. Tenemos que hacer algunos cambios para que eso suceda con más efectividad."

Lo primero que hicimos fue suspender el culto del domingo en la tarde. En vez de eso, equipamos una camioneta con un buen equipo de sonido, y una vez al mes, el domingo en la tarde, visitábamos uno de los sectores empobrecidos de la ciudad. Yo predicaba, todos cantábamos, y distribuíamos cosas para la gente, como pelotas de básquetbol y muñecas Barbie para los menores, y cupones de alimento y gasolina para los adultos. Unos cuantos de Calvary nos acompañaron para establecer contacto con las personas en las vecindades, e invitamos a todos a la iglesia para el siguiente domingo. Les dijimos: "Calvary es la iglesia para ti. Esperamos que nos visites." Designamos los demás domingos en la tarde para preparar líderes y para reuniones de grupos pequeños.

> La demografía de una iglesia tiende a seguir la edad y la disposición de su pastor.

Los jóvenes y los jóvenes adultos

La demografía de una iglesia tiende a seguir la edad y la disposición de su pastor. Cuando un pastor es joven y está lleno de energía, atrae a personas solteras, matrimonios jóvenes, y matrimonios con niños pequeños. Cuando el pastor avanza en años, esas personas envejecen con él, pero ya no atrae a tantas personas jóvenes. Ya no lo ven como alguien muy vanguardista o moderno—o cual sea el término de la jerga juvenil que esté en boga. En el 2001, yo estaba absolutamente fuera de esa clasificación (si es que alguna vez estuve en ella). He visto como algunas iglesias han declinado con el envejecimiento de su pastor, especialmente al llegar a la edad de la jubilación. Además, muchas de estás no trazaron un plan adecuado para una sucesión, por lo tanto el nuevo pastor tuvo dificultad para hacer algunos cambios. Yo no quería que Calvary declinara conforme yo envejecía. Necesitábamos un completo énfasis en niños, jóvenes, y jóvenes adultos. Necesitaba rodearme de un equipo de trabajo formado por personas jóvenes y talentosos voluntarios que sirvieran como mis intérpretes o traductores generacionales. Yo había tenido la experiencia de usar interprete cuando había viajado para hablar a una cultura donde se habla otro idioma. Ahora necesitaba intérpretes que me conectaran con la emergente cultura juvenil en mi propia ciudad y país. La conexión es más importante que el contenido, pero todo se pierde si la persona que habla no establece ese contacto con su auditorio. Yo reconocí que necesitaba intérpretes que me ayudaran a establecer esa conexión con mi auditorio de jóvenes. Inauguramos algunos programas para los más jóvenes, pero necesitaba hacer más, mucho más. Queríamos iniciar una nueva estrategia con la construcción de un nuevo edificio para deportes. Teníamos un culto para los jóvenes el miércoles en la noche, pero la encuesta nos mostraba que estábamos perdiendo una gran oportunidad de conectarnos con ellos. Juntamos algunos fondos para renovar el gimnasio, poner una cancha de baloncesto y otros deportes en una mitad del espacio, y habilitar la otra mitad como un atractivo espacio de reunión y adoración. Creamos el

"180 Youth Program" [Programa Juvenil 180] principalmente para atraer a muchachos de diversos grupo étnicos. Estábamos en lo ciertos. Muchos jovencitos de las vecindades afroamericanas e hispanas vinieron a nuestro programa para jóvenes porque querían jugar baloncesto o ver el juego de otros. Cuando nos conectamos con ellos a través de los deportes, ellos se abrieron al evangelio.

Los niños

La encuesta mostró que había un cierto patrón que se repetía en nuestros ministerios a los niños. Necesitábamos hacer algo más para servir a los padres que asistían a nuestra iglesia. Compramos un edificio aledaño y lo convertimos en un centro de primera calidad para la atención de los niños. Además añadimos un nuevo pastor de niños al personal que entrenara a nuestro personal en nuevos e innovadores enfoques de los ministerios a los niños.

Los ministerios a las damas

Tradicionalmente, los hombres han sido los que han dirigido nuestra denominación y muchas otras organizaciones teológicamente conservadoras. La encuesta mostró una marcada diferencia en nuestras tradiciones y la disposición de ánimo de la persona moderna—sea hombre o sea mujer—respecto al papel de la mujer en la vida espiritual. Algunos preguntaron: "Pastor George, ¿alguna vez usted dejará que una mujer sea parte del equipo de pastores de Calvary?" Y, "¿Permitirá usted que una mujer sea parte de la directiva de la iglesia?" Este es un tema muy delicado en la mayoría de las iglesias, uno que debe considerarse con cuidado y que debe comunicarse con claridad.

Me sentía completamente seguro de que debíamos contratar a una pastora para las mujeres que se encargara de los ministerios, de la consejería, y de orar por ellas. Le pedimos a Connie Swain que se uniera a nuestro equipo y ella realizó una labor maravillosa durante siete años. De la noche a la mañana, la mayoría de las mujeres se sintieron más cómodas en nuestra iglesia. La presencia de Connie validaba la existencia, la identidad, y la función de las mujeres. Más que nunca se sintieron valoradas.

> De la noche a la mañana, la mayoría de las mujeres se sintieron más cómodas en nuestra iglesia.

Durante años, sugerí al directorio de la iglesia, compuesto sólo por hombres, que ya era tiempo de invitar a una mujer a ser parte de la junta. Les hablé de cómo Pablo valoró el liderazgo de Aquila y Priscila en la iglesia de Corinto (Hechos 18:1,2) y dé las hijas de Felipe que servían como profetizas (Hechos 21:8,9). Por algunos años, parte del directorio no estaba muy seguro de tal cambio, pero en el tiempo propicio, con mucho gusto me respaldaron cuando invité a una de las damas a que se nos uniera.

Mi experiencia en Baton Rouge me enseñó el valor de la paciencia y de la unanimidad al buscar la voluntad de Dios. Nunca presioné para que se incluyera a una mujer en el directorio, simplemente mecioné el tema una y otra vez, me apoyé en las Escrituras, respondí preguntas, y esperé a que Dios moviera el corazón de mis hermanos. Y Él lo hizo.

Clases económicas

La mayoría de los pastores procuran que sus mayores contribuyentes sean parte de su junta directiva. Esto no es necesariamente malo si estas personas son espiritualmente astutas y sensibles a las necesidades de cada grupo económico en la comunidad. Parte de la diversidad a la que Dios nos ha llamado a alcanzar es valorar tanto al pobre como al rico. En la iglesia primitiva, los esclavos a veces servían como ancianos en la iglesia a la que asistían sus amos. Durante este período en Calvary Temple, pedí a un barbero y a un camionero que fueran parte de nuestra directiva. Quería que la gente entendiera que la riqueza no era el requisito principal para ser miembro del directorio de la iglesia. Una de las personas que más ofrendaba en nuestra iglesia se escandalizó cuando pedí a estos dos hombres que se unieran a nuestra junta. Ciertamente no tenía dificultad alguna para relacionarse con sus amigos acaudalados, pero no podía siquiera imaginar que un hombre que se ganaba la vida detrás del volante de un camión o cortando el cabello atendería junto con él los negocios de la iglesia. En ese momento, el principal donante de nuestra iglesia y su familia se trasladaron a un congregación con un alto porcentaje de anglos.

La adición de estos dos nuevos miembros a la directiva fue un testimonio a nuestra iglesia y a la comunidad de que en Calvary no haríamos diferencias entre ricos y pobres. Todas las personas son iguales a los ojos de Dios. A mi me sorprende que sean tantos los líderes cristianos que leen la Biblia y que predican cada domingo sin notar el corazón inclusivo de Cristo. Contra las normas culturales, Él protegió a la mujer que fue sorprendida en adulterio. Él se maravilló de la fe de un centurión romano que no se consideró digno de que Jesús entrara a su casa para sanar a su siervo. En la Palestina del primer siglo, las mujeres y los niños se los consideraba un poco más que propiedad, pero Jesús siempre los trató como valiosos seres humanos, el objeto de su amor. A los enfermos, los paralíticos, o los ciegos se los culpaba de haber pecado; se creía que Dios los juzgaba a través de su enfermedad. Jesús contradijo esa creencia cuando tocó la putrefacta piel de los leprosos, cuando puso sus manos sobre los ojos de

> Jesús contradijo esa creencia cuando tocó la putrefacta piel de los leprosos, cuando puso sus manos sobre los ojos de los ciegos, y sanó la mano atrofiada de alguien que vino a Él.

los ciegos, y sanó la mano atrofiada de alguien que vino a Él. Jesús no se alejó de quien lo necesitaba con desesperación. Él se acercó a estas personas para establecer una relación personal con ellos.

Al acercarse Jesús a Jericó sucedieron dos de los acontecimientos que se narran en los evangelios. Marcos nos dice que cuando un hombre ciego llamado Bartimeo supo que Jesús estaba cerca, comenzó a gritar: "¡Jesús, Hijo de David, ten compasión de mí!" (Marcos 10:47) La gente que lo rodeaba lo hizo callar, pero Bartimeo gritó con más fuerza. Seguramente Jesús estaba sonriendo cuando pidió que llamaran al hombre ciego. En una impresionante muestra de dignidad, Jesús no obró según sus propias conjeturas. Él preguntó al hombre ciego: "¿Qué quieres que haga por ti?"

Bartimeo respondió: "Rabí, quiero ver" (Marcos 10:51).

Jesús de inemdiato lo sanó. ¡Él pudo ver! Y empezó a seguir a Jesús a la ciudad.

Las personas que posiblemente eran más menospreciados en la cultura judía eran los recaudadores de impuestos. El trabajo de ellos no se asemejaba a lo que hacen los funcionarios de impuesto de hoy. Las personas de ese tiempo recaudaban impuestos de sus conciudadanos para el gobierno romano, y cobraban una suma extra que iba a su propio bolsillo. Sería como si un ciudadano belga o francés hubiera cobrado impuestos a sus compatriotas para el gobierno Nazi durante la Segunda Guerra Mundial. Para los judíos, los recaudadores de impuestos eran traidores y colaboradores del enemigo. Lucas nos dice que Zaqueo era un hombre rico, jefe de los recaudadores de impuestos. Él operaba conforme al sistema de pirámide, recibía un porcentaje de los impuestos que recaudaban aquellos que trabajaban a sus órdenes. Cuando Jesús se acercó a Jericó, lo que Zaqueo tenía era más que curiosidad, era desesperación. Él era un hombre bajo de estatura. Le era difícil ver a Jesús entre la multitud. Tuvo que subir a un árbol para tener una mejor vista de este Hombre que podía sanar y perdonar. Tal vez, esperaba que Jesús pudiera hacer algo en su vida.

Cuando se acercó a Zaqueo, Jésus vio al hombre más rico y más despreciado de la ciudad. De inmediato le dijo: "Zaqueo, baja en seguida. Tengo que quedarme hoy en tu casa" (Lucas 19:5). La gente estaba asombrada. ¡No podían creer que el hombre que había atendido a un pobre ciego también dedicara tiempo a un rico traidor! Ellos no entendían el poder de alcance del corazón de Dios.

El resultado de la cena que Zaqueo compartió con Jesús y sus discípulos esa noche fue el completo cambio de un recaudador de impuestros. En el camino a Jericó, Bartimeo necesitaba un milagro, pero Zaqueo necesitaba establecer una relación. Jesús tuvo un encuentro con cada uno en su punto de necesidad. Él dejó lo que estaba haciendo, invirtió tiempo y energía, soportó las burlas de la multitud, y tocó la vida de estas personas.

Toda la gente necesita un toque de Cristo, sin embargo tenemos que acercarnos a ellos considerando su necesidad específica y personal. Cuando nos acercamos a personas que no son como aquellos que normalmente vemos en nuestra iglesia, posiblemente tendremos que enfrentar oposición. La gente que estaba cerca de Bartimeo le decían que callara, y los que estaban en Jericó se escandalizaron cuando Jesús se hizo el invitado al hogar de un empleado del gobierno romano.

Dios no muestra preferencia por alguna condición social, algún color de piel, cierto talento, o cualquier habilidad. Él ama a todas las personas. Sin embargo, vemos a Jesús que acoge a los marginados de la sociedad y que discute con los fariseos, esto es así porque los marginados se sentían dichosos de ser incluidos y a los fariseos les indignaba que Jesús amara "a esa gente". Sin embargo Jesús amaba a los fariseos tanto como cualquier otra persona. Él murió por ellos y también por los pobres. Él prometió al ladrón que estaba en la cruz que ese mismo día estaría en el paraíso, y también pidió al Padre que perdonara a los líderes religiosos que se habían confabulado para su tortura y su muerte. Para todos. En todo lugar. En todo momento. Ese es el alcance de la gracia de Dios.

Preferencia sexual

Los homosexuales y las lesbianas generalmente identifican dos clases de iglesia: aquella que los acepta con cariño pero que no valora la verdad bíblica, y aquella que los condena porque quiere mantenerse fiel a las enseñanzas de las Escrituras. ¿Es posible que haya una tercera clase de iglesia? Yo creo que Dios quiere que su

> ¿Es posible que haya una tercera clase de iglesia?

iglesia se mantenga fiel a las verdades que enseña la Biblia, y que también ame a todas las personas que viven en el mundo—aun aquellos cuya preferencia sexual se mencione en las Escrituras como un pecado. Con mucha frecuencia, las iglesia conservadoras usan como blanco a los homosexuales y a quienes se sienten atraídos a personas de su mismo género. Los predicadores hablan contra ellos, se refieren a ellos, y hacen burlas de los estereotipos de sus modales. Si amamos a los homosexuales y a las lesbianas, de inmediato dejaremos de hacer esas cosas. Más bien, reconoceremos que este pecado está en la lista que Pablo menciona en su carta a los Corintios:

> ¿No saben que los malvados no heredarán el reino de Dios? ¡No se dejen engañar! Ni los fornicarios, ni los idólatras, ni los adúlteros, ni los sodomitas, ni los pervertidos sexuales, ni los ladrones, ni los avaros, ni los borrachos, ni los calumniadores, ni los estafadores heredarán el reino de Dios. Y eso eran algunos de ustedes. Pero ya han sido lavados, ya han sido santificados, ya han sido justificados en el nombre del Señor Jesucristo y por el Espíritu de nuestro Dios (1 Corintios 6:9–11).

Otra lista de vicios incluye una amplia variedad de conductas y estilos de vida pecaminosos, pero para cada uno de ellos hay perdón. Con mucha frecuencia, arremetemos contra la homosexualidad y nos olvidamos que la glotonería, el orgullo, la amargura, la avaricia, y la idolatría también pueden controlar nuestra vida. La controversia de Pablo es que todos pueden experimentar el poder de Cristo para limpiar y cambiar la vida. Todo pecado ofende a Dios. La sangre de Cristo nos limpia de todo pecado.

Aprendí esta lección unos doce años atrás. Estaba predicando un sermón acerca de la lista completa de pecados, y principalmente acerca del adulterio, la fornicación, y la homosexualidad. Cuando me referí a la homosexualidad; tuve la brillante idea de imitar algunos modales estereotipados: movimientos de las manos, inflexiones de la voz, modo de andar, entre otros. Me divertí mucho con la breve burla, y obtuve unos cuántos "amenes" y carcajadas de los presentes. Unos días después, recibí una carta de una dama que había estado en el culto esa mañana. En ella leí lo siguiente: "Pastor George, yo sé que usted ama a Dios y a las personas. Estoy segura de que usted quiere que la gente ande con Dios. Quiero que sepa que mi hijo es homosexual. Yo estoy de acuerdo con usted: la homosexualidad es un pecado, pero me duele profundamente que usted se burle de los homosexuales. Cuando se burla de los homosexuales y las lesbianas, usted se burla de mi hijo. Espero que usted pueda encontrar la manera de hablar de este asunto con toda dignidad y respeto." Desde que leí esa carta, no he vuelto a hablar del asunto de una manera que despierte rizas o que humille a las personas que están atadas a ese estilo de vida. Las preguntas que me debo hacer son las siguientes:

—¿Cómo trató Jesús a los pecadores y a las personas que la sociedad rechazaba?

—¿Cómo se sentían estas personas cuando estaban con Él, honradas y aceptadas o humilladas y rechazadas?

—¿Realmente amo a estas personas como seres que fueron creados a imagen de Dios?

—¿Qué significa que debo tratar a las personas con sumo respeto al comunicarles la gracia y la verdad?

Un edificio que atraiga a los de afuera

Otra sorprendente conclusión que obtuvimos de la encuesta fue que el diseño arquitectónico de nuestra iglesia era un gran obstáculo para nuestra meta de alcanzar a quienes no tienen iglesia o que no se sienten parte de ningún grupo en la comunidad. Habíamos gastado mucho dinero a principio de los años 80 en el diseño y la construcción del templo, pero la situación era clara: teníamos que cambiar de edificio y construir un plantel que atrajera a las personas a los que Dios quería que alcanzáramos. Una iglesia grande, muy elegante, blanca con adornos dorados, y una enorme torre de oración con una imponente cruz intimidaba a muchas personas—especialmente a quienes no tenían una iglesia. Además, nuestro espacio para los niños, los jóvenes, y otros ministerios no era el más adecuado. Nuestro auditorio era más grande de lo que necesitábamos para la cantidad de personas que asistía el domingo. Si construíamos un nuevo edificio, distribuiríamos mejor el espacio, alcanzaríamos a más personas, y satisfaríamos más necesidades. No era una decisión muy difícil. La respuesta era obvia.

Sin embargo, primero teníamos que vender nuestro edificio. Una iglesia, especialmente *esa,* puede ser muy difícil de vender. No quería ofrecerla a la venta hasta que llegara el momento propicio. Pedí un milagro al Señor. Un día, recibí en mi oficina a Carlo Farina, un corredor de propiedades. Él nos había ayudado a comprar la propiedad donde se levantó el edificio del Airport Freeway. Él entró, se sentó, y después me dijo: "Pastor, ésto tal vez le parezca una locura, pero, ¿estaría usted interesado en vender esta propiedad?"

Me quedé estupefacto . . . pero con esperanza. Le respondí: "¿A qué se debe su pregunta?"

Él dijo: "Hay una empresa que quiere hacerle una oferta de compra de su iglesia."

Él aparentemente pensó que yo no estaba interesado y se aprontó a terminar la conversación, pero yo lo interrumpí: "¿Quién es el interesado?"

"Lowe's, la empresa distribuidora de materiales de construcción. Ellos quieren demoler este edificio y levantar una de sus tiendas." Él hizo una pausa y después dijo: "Yo sabía que usted no se interesaría."

Se levantó para salir, pero yo lo detuve. "No quisiera que se demoliera este edificio, pero tráeme un contrato. Me gustaría revisarlo."

Dios usó esta conversación para estimular mi pensamiento. De un momento a otro, me di cuenta de que había otro posible comprador: Paul Crouch de Trinity Broadcasting Network, la red de televisión. Años antes, habíamos vendido a TBN parte de nuestra propiedad, así que ellos ya tenían un edificio aledaño. Ahora podrían ser dueños de toda la propiedad. Era la posibilidad perfecta, por lo menos, desde mi punto de vista. Me reuní con Kerry Jones, el administrador de las finanzas de nuestra iglesia, y pedí que me diera su opinión respecto a vender nuestra propiedad, comprar otro terreno, y construir un edificio completamente nuevo. Él se mostró muy entusiasta y a favor de la idea. Después, pedí a Jim Guinn, el contador de nuestra iglesia, que concertara una reunión con Paul en California. Mi consejero de fianzas, Jack Pruitt, y yo viajamos a California para reunirnos con Paul y Jan en la sede central de su ministerio. Después de una hora de conversación a la hora del almuerzo, nos dimos la mano en un acuerdo de que venderíamos el edificio de nuestra iglesia y la propiedad a TBN. Paul Crouch estuvo de acuerdo en que estuviéramos en el edificio hasta que la nueva iglesia estuviera construida. Esas fueron buenas noticias porque teníamos mucho que hacer antes de siquiera tener el plan para la nueva iglesia. Paul nos dijo: "Pidan a su abogado que redacte un contrato para que el mío lo revise. No creo que tengamos problema alguno."

Compramos una propiedad a una tres millas del Airport Freeway. La nueva ubicación era superior en todo sentido. Estaba cerca de la autopista President Bush, era un terreno de diez hectáreas con excelente vías de acceso. Nuestro arquitecto comenzó a diseñar un edificio que resultara acogedor al público que queríamos atraer y que satisficiera las necesidades de la congregación. El nuevo edificio tendría un gran espacio para la venta de café en la sala de estar y suficiente espacio para cada reunión y actividad. Pedimos al personal de Disney que nos ayudaran a diseñar nuestro Centro para los Niños. Es maravilloso. Queríamos tener el espacio adecuado para nuestros niños, y lo que tenemos es más de lo que imaginamos.

Cumpla con sus deberes

La encuesta del 2001 abrió mis ojos a las necesidades y los anhelos de las personas en Calvary Temple. He conversado con muchos pastores que han hecho suposiones extraordinarias respecto a la gente de su iglesia. Cuando les hablo de cómo Dios usó la sencilla encuesta que nosotros hicimos para mostrarnos la condición de nuestra iglesia, algunos pastores menea la cabeza y dicen: "Yo no necesito hacer una encuesta. Ya sé lo que está sucediendo en nuestra iglesia." Uno de ellos me dijo: "Yo hago una encuesta todas las semanas cuando paso el plato de las ofrendas. Las 'respuestas' en el plato me dicen todo lo que necesito saber."

Yo soy un defensor de la planificación estratégica, pero el proceso de planificación de un líder está lejos de ser estratégico si no saca a la luz las percepciones, los anhelos, y las necesidades de las personas. Las suposiciones contaminan la mente y el corazón del líder. Haga la obra de descubrir la verdad. Hay docenas de diversas maneras de medir la temperatura de un grupo grande de personas, pero no se comforme con métodos simplistas. Haga preguntas certeras y acepte respuestas largas y bien pensadas.

Yo soy un defensor de la planificación estratégica, pero el proceso de planificación de un líder está lejos de ser estratégico si no saca a la luz las percepciones, los anhelos, y las necesidades de las personas.

Cada década en el país se realiza un censo, pero la cultura cambia con tanta rapidez que no podemos esperar tanto tiempo sin hacer una encuesta de las necesidades de nuestra iglesia. En la conversación con mis líderes, he notado que la población de las mega-iglesias cambia un veinte por ciento cada año. La deducción clara es que los líderes deben evaluar el pulso espiritual y de las relaciones por lo menos cada cinco años. Un domingo, me impresionó la mobilidad y naturaleza transitoria de nuestra sociedad. Dije a la congregación: "A veces siento que le predico a personas que marchan en un desfile. Ustedes pasan frente a mí, y yo les arrojo verdades espirituales cuando están en movimiento. Quiero que reciban la palabra de Dios antes de que estén fuera de mi alcance." La metáfora no está muy alejada de la realidad.

A los pastores posiblemente no les gustará mucho las conclusiones que extraigan del análisis de su congregación. Cuando descubrí los pensamientos y los anhelos de nuestra iglesia, algunos de ellos no me resultaron extraños, pero hubo otros que me dejaron con la boca abierta. Podría haber desechado la información y haber concluido que había un error en la encuesta, pero decidí encarar los hechos. Comenté con el personal y la directiva toda la información que había extraído, y presenté un informe a la congregación de los resultados de la encuesta y de nuestros planes para el futuro. Ellos rápidamente se dieron cuenta de que habíamos oído claramente lo que nos habían comunicado.

Hicimos pequeños cambios, como dejar que nuestro personal pudiera vestir de manera más informal; y grandes cambios, como la venta del edificio de reunión porque notamos que era más obstáculo que bendición. Nada quedó fuera de los límites. Obviamente, todos los cambios debían ser debidamente planificados y anunciados, pero casi todas las personas los aceptaron con mucho entusiasmo. La congregación agradeció de que no basáramos nuestras decisiones en supuestos ni nos conformáramos con el estado de las cosas.

Antes de ver cambios en las personas a las que sirve, un pastor debe estar él mismo dispuesto a cambiar. Si yo hubiera negado los resultados de la encuesta y hubiera desechado la opinión de la gente, todavía estaríamos en Airport Freeway y vestiríamos traje oscuro, camisa blanca, una corbata vistosa, y batas de coro.

Hay personas que se atemorizan ante el cambio, y hay otros que lo aceptan con una buena disposición. Sin embargo, la mayoría lo aceptará si están todos convencidos de que es algo bueno y necesario. Cuando hablo de cambio a nuestra congregación, procuro tener presentes en mi mente a estos tres grupos. Algunos necesitan mucho consuelo y seguridad de que los cambios serán productivos. A unos pocos les gusta ser desafiados a tomar nuevos rumbos. Y muchos otros con mucha alegría adoptan una nueva dirección cuando tienen una vislumbre de un futuro mejor. Estos tres grupos necesitan una comunicación buena, clara, y pertinente de la ventaja de los cambios.

Uno de los resultados más importantes de la encuesta fue la necesidad de que yo contara con intérpretes que me ayudaran a conectarme de manera más efectiva con los jóvenes. No me era posible cambiar el hecho de que estoy envejeciendo (sólo tenía alternativas . . . para las cuáles todavía no estaba preparado), pero podía rodearme estratégicamente de personas más jóvenes. La interpretación de una cultura es mucho más que añadir nuevas palabras al vocabulario. Cerca del noventa y tres por ciento de la comunicación es sin palabras. Necesitaba ayuda para interpretar la música, las péliculas, la Internet, Facebook, Twitter, los deportes, las comidas, y los valores de la cultura juvenil que siempre están cambiando.

No es suficiente que yo trate de entender y relacionarme con la gente de cincuenta años de edad. Necesito conectarme con los hijos y los nietos de éstos. Los adolescentes tienen su propio mundo, y se dan cuenta si los demás "los entienden" o no. Tal vez no entiendo mucho acerca de YouTube y Twitter, pero por lo menos entiendo que necesitamos adolescentes en la plataforma cada domingo para mostrar que los valoramos como seres humanos competentes.

Si usted es un pastor mayor de cincuenta años de edad, usted necesita intérpretes que lo ayuden a entender a las personas de veinte y treinta años de edad. Si usted tiene cuarenta años, es muy posible que tenga hijos adolescentes. Ellos lo pueden ayudar si usted está dispuesto a escucharlos. Si usted no tiene contacto con adolescente o con adultos jóvenes con regularidad, es necesario que busque personas que lo ayuden a interpretar la cultura juvenil. No suponga que usted "entiende" a los jóvenes porque tiene el teléfono más moderno. Para alguien de catorce años, una persona de cuarenta es un dinosaurio que escapó del período jurásico.

Si queremos alcanzar y discipular a personas más jóvenes, tenemos que encontrar intérpretes hábiles y sabios.

Si queremos alcanzar y discipular a personas más jóvenes, tenemos que encontrar intérpretes hábiles, y sabios. Con mucha frecuencia, las iglesias enfocan la mayor parte de su quehacer en el grupo que coincide con la edad del pastor y dejan a un lado a los que son más jóvenes que él. Esto es trágico e inncesario.

La transición en Calvary Temple comenzó cuando Dios me mostró que éramos una iglesia demasiado blanca. En nuestra encuesta, Dios tenía otro concepto para mí: habíamos crecido demasiado hacia adentro, éramos demasiado viejos, demasiado dominados por la presencia masculina, demasiado enfocados en la población pudiente, y muy poco dispuestos a recibir personas con estilos de vida alternativos.

Lo desafío a que haga la siguiente tarea: haga una encuesta, dé firmes pasos de cambio, y reclute a unos cuantos intérpretes.

Considere lo siguiente:

1. ¿Qué arriegan los pastores y los líderes cuando solamente suponen lo que la gente percibe, anhela, y necesita?

2. ¿Alguna vez usted ha hecho una encuesta detallada de la gente que viene a su iglesia? Si su respuesta es afirmativa, ¿de qué manera lo ayudó? Si su respuesta es negativa, ¿por qué no lo ha hecho?

3. ¿De qué manera lo ayudaría si entendiera la manera en que las personas en su iglesia perciben los asuntos que se comentaron en este capítulo: edad, género, posición económica, preferencia sexual, y edificio?

4. ¿Cómo podemos unir la sensibilidad de la cultura con la autoridad de la verdad de Dios? ¿En qué momento nuestra sensibilidad podría afectar la verdad? ¿En que momento podríamos ser demasiado rígidos acerca de lo que consideramos recto que nos olvidáramos de entender a las personas?

5. ¿Qué grupo (edad) se siente más cómodo con usted? ¿Dónde iría a buscar intérpretes que lo ayuden a entender a las personas más jóvenes de su congregación?

6. ¿Estaría dispuesto a escuchar a sus intérpretes cuando le digan que usted realmente no entiende a las generaciones más jóvenes? Explique su respuesta.

7. ¿Cómo puede aprovechar a su equipo de trabajo (personal, obreros de jóvenes, voluntarios que pastorean a los adultos jóvenes, etc.) para que lo ayuden a entender a otro estrato de su cultura?

8. ¿Cuál de los asuntos que se trataron en este capítulo es más explosivo y controversial? ¿Cómo lo enfrentaría?

6

Muévete, abre espacio

Cuando un pastor ha servido en la misma capacidad durante muchos años, es muy fácil pasar por alto algunas cosas que otros pueden ver a simple vista. La longevidad en una posición tiene muchos beneficios, pero mantener una clara percepción no es uno de ellos. La visión del pastor podría ser nebulosa por causa de relaciones que ha forjado a través de los años, lealtades, valores establecidos, y programas atrincherados. El pastor podría suponer que los planes y las actividades que dieron buen resultado en el pasado darán el mismo resultado en el futuro. Las personas que por años han sido parte del equipo de trabajo de la iglesia posiblemente han perdido su efectividad, pero el recuerdo de los buenos tiempos y la lealtad a las relaciones podrían ser un obstáculo que impidiera que el pastor sea objetivo respecto a la nececidad de prestar atención a estos asuntos.

En los primeros meses de 2007, me reuní con un grupo de pastores en Phoenix, entre ellos Tommy Barnett y Randal Ross, para comentar los métodos para un ministerio más efectivo. A todos estos pastores los considero buenos amigos, y lideran iglesias más grandes que Calvary. Estaba muy expectante de lo que aprendería de ellos. Un día, compartí con ellos cómo Dios nos había guiado a ser más inclusivos en todo aspecto: étnico, social, generacional, género, y de toda otra manera. Pero también hablé de mi preocupación en cuanto a la asistencia a la iglesia que se había mantenido sin mayores cambios durante casi una década.

Varios de los pastores explicaron que habían experimentado la misma frustración en el pasado. Ellos me dijeron: "Don, nosotros conocemos tu reputación y la reputación de tu iglesia, pero no sabemos cuáles son la estrategias y las estructuras que usan las personas que trabajan contigo. Pero realmente no necesitamos conocerlas. Si tu iglesia no está creciedo es porque hay una falla en tu sistema."

Me quedé sorprendido. Respondí: "¿Eso creen? ¿Están seguros?"

Ellos me explicaron que los pastores continuamente deben evaluar su liderazgo y su cultura, y depués deben dirigir sus estrategías y su plan conforme al resultado de la evaluación. Me di cuenta de que había dado como un hecho de que nuestros líderes y nuestra cultura estaban bien. Ahora, debía dar una mirada más estratégica.

En una sola conversación, ellos pudieron observar algo que yo no había visto en muchos años. Ellos hicieron notar que la iglesia necesitaba una inyección de dinámica percepción, energía, y pertinencia cultural. Nadie me dijo que yo estaba muy viejo como para hacer que esto sucediera. Esa observación era intuitivamente obvia. De inemdiato, me di cuenta de que tenía que tomar medidas drásticas y decisivas.

La inyección

De inmediato pensé en Ben Dailey. Había sido mentor de Ben cuando fue parte de nuestro equipo de pastores durante siete años, cuando recién empezaba en el ministerio. Yo sabía que él es un excelente estratega en crecimiento de la iglesia. Después de sus primeros años en el equipo de pastores de Calvary, la iglesia ayudó a Ben y su esposa Kim a comenzar una congregación en el norte de California. La nueva iglesia era todo un éxito. Tuve el gozo de predicar allí unas cuantas veces y de observar con mis propios ojos el fruto del ministerio de Ben y Kim. Sin embargo ahora, Dios me dirigía a reintegrarlos al equipo de trabajo de Calvary. Kim es una artista talentosa. Ella sería responsable de todo la publicidad de la iglesia y del diseño gráfico. Ben serviría como un evaluador y estratega del equipo de trabajo de la iglesia, la cultura, y de los programas. Cuando Ben y yo comenzamos a afinar los detalles de su regreso a Calvary después de siete años en California, le confié una responsabilidad específica y poco usual. En vez de pedirle que predicara, Ben simplemente evaluaría todo lo que estábamos haciendo. Él observaría sin prejuicios todos los aspectos de los ministerios de Calvary, y después me comunicaría sus conclusiones y sugerencias para que yo pudiera predicar y dirigir con más efectividad. No le prometí a Ben que predicaría con regularidad, ni de que ocasionalmente lo haría. Sólo le dije: "Ora y pide a Dios que te muestre si debes venir a Texas. Si Él lo hace, podrás estar seguro de que es Él quien te guía, y nosotros afinaremos los detalles cuando hayas estado aquí un tiempo." Su primera tarea sería observar, analizar, y sugerir. Quería que observara con una visión renovada todo aquello que mis ojos no podían ver o se negaban a reconocer. El ofrecimiento que hice a Ben fue básicamente que dejara su posición de liderazgo en California para que fuera nuestro asesor.

Reconozco que esta fue una propuesta fuera de lo común, pero yo sentía que era la dirección del Señor. Después de muchas oraciones en California y en Irving, Ben y Kim se sintieron guiados por Dios para volver a Calvary. Ben me dijo: "No me importa si predico o no. Para mí será un honor trabajar contigo en Calvary. ¡Aceptamos!"

Los Dailey vendieron su casa en California cuando el mercado hipotecario pasaba por una gran crisis. Mientras esperaban un comprador, ellos arrendaron un prequeño departamento en Irving. No era exactamente lo que hubieran querido, pero estuvieron dispuestos a enfrentar la presión de pagar una hipoteca y un arriendo. Le pedí a Ben que los primeros seis meses los dedicara a sumergirse en nuestra iglesia y en la comunidad. Quería que examinara cuidadosamente y en detalle cada programa, cada estrategia, cada actividad de alcance, cada evento, y cada líder de nuestra iglesia.

Para preparar el ambiente, avisé al personal de la iglesia que Ben sería nuestro analista, y que haría muchas preguntas y algunas difíciles de responder. La responsabilidad de cada persona era responder con toda sinceridad y darle completo acceso a su área de ministerio. Ben estuvo presente en nuestras reuniones de personal y programó reuniones con cada miembro del equipo. Hizo preguntas, escuchó con atención, y observó. Durante ese tiempo, me comunicó detalles extraordinarios, y a veces sorprendentes, respecto a nuestros programas y los miembros de nuestro equipo de trabajo.

Para preparar el ambiente, avisé al personal de la iglesia que Ben sería nuestro analista, y que haría muchas preguntas y algunas difíciles de responder.

Después de unos cuantos meses, le pedí que predicara un domingo en la mañana. Mientras hablaba ese día, note cómo el Espíritu de Dios obraba en el corazón de las personas. ¡La atmósfera estaba cargada! Dios habló al corazón de las personas, y también habló a mi corazón. El mensaje de Dios para mí fue que abriera espacio al ministerio de Ben Dailey. Dios no me dijo que saliera ni que me distanciara. Simplemente me dijo que me moviera para abrir un espacio para la maravillosa cultura juvenil que se levantaba ante mis ojos. Recibí la instrucción de Dios con alegría y entusiasmo.

Unas pocas semanas después de que llegara a Calvary, Ben me comunicó una de sus primeras sugerencias. Yo le pedí que me informara con regularidad, y en una de nuestras reuniones, le pregunté si tenía algo de utilidad para mí. Su respuesta me dejó atónito. Él dijo: "Hay una persona en el equipo de trabajo que está envenando la cultura de la iglesia."

Me comunicó el nombre de la persona, y le pregunté si estaba seguro de lo que decía, porque yo no lo había notado.

Ben respondió: "Me doy cuenta de que tú no lo ves. Esta persona sabe qué debe hacer para que no veas el cuadro con toda claridad. Pastor, cuando tú no estás presente, este miembro de tu equipo hace comentarios sarcásticos e insinuantes con el fin de menoscabar tu autoridad."

"¿Qué haremos?" Le pregunté.

Ben hizo una pausa, y después dijo: "Debemos poner a otra persona en su lugar."

Repondí: "Ben, siento que tengo una deuda de lealtad hacia esta persona por los muchos años de servicio que ha prestado a mi ministerio y a la iglesia. Un despido de esta magnitud podría tener serías repercusiones negativas en la convivencia de nuestra iglesia. Pero, a pesar de todo, acepto tu sugerencia y esta misma tarde atenderé el asunto." E hice lo que prometí.

Este, obviamente, no fue el único cambio que Ben recomendó. Acepté y aprobé cada una de sus sugerencias. En cada cambio relacionado con el personal, tengo que reconocer que yo no había notado lo que él vio. Y en cada caso Ben tuvo la razón.

La degeneración macular es una condición médica común entre los adultos mayores, que resulta en la pérdida de la visión en el centro del campo visual. El paciente tiene dificultad para leer o para reconocer rostros familiares, aunque la visión periférica quede intacta. De muchas maneras, las observaciones de Ben me ayudaron a entender que sufría de degeneración macular en cuanto al liderazgo. Podía ver unas cuantas cosas con mucha claridad, pero mi percepción de las personas y de los asuntos de la vida de la iglesia se había deteriorado. Tener a Ben en nuestro equipo, contar con sus observaciones, y confiar en ellas—fue como tener nuevos anteojos bifocales.

Poco tiempo después de su llegada, Ben me dijo: "Pastor, estoy de acuerdo con nuestra declaración de misión, pero creo que es muy larga y difícil de memorizar. Necesitamos una declaración de misión que la gente escuche una vez y nunca más olvide."

Durante años, Calvary tuvo una declaración de misión muy poco clara. Con cierta frecuencia le pedía a la gente que la memorizara de manera que pudieran vivir conforme a ella. Pero era una delcaración tan larga y complicada que muy pocos la habían memorizado. Finalmente, redactamos una nueva. Hoy, la delcaración de misión de Calvary es clara, sencilla, y profunda:

> *Extendernos hacia arriba, extendernos hacia adentro,*
> *y extendernos hacia afuera.*

Definimos estos conceptos de la siguiente manera:
—Nos extendemos hacia arriba en adoración a Dios.
—Nos extendemos hacia adentro en servicio mutuo.
—Nos extendemos hacia afuera para alcanzar al mundo.

Nuestra nueva declaración de misión ha inspirado a las personas porque todos la pueden recordar. Quienes vienen a Calvary por primera vez pueden volver a su hogar con una visión clara del quehacer y la identidad de nuestra iglesia. Quienes por años han participado en el ministerio con nosotros pueden recordar cuál es el llamado de Dios para nuestra iglesia. De una manera clara, suscinta y poderosa, comunicamos a la gente que estamos comprometidos con el cumplimiento del *Gran Mandamiento*—amar a Dios con todo el corazón y a nuestro prójimo como a nosotros mismos—y de la *Gran Comisión*—alcanzar a todas las personas de este planeta con el mensaje del amor redentor de Dios a través de su Hijo Jesucristo.

Desde que Dios nos dio esta declaración de misión, muy pocas personas me han dicho que dejan Calvary porque se sienten incómodos con nuestra visión de inclusión. A estos pocos yo les digo: "Si no quiere sentarse cerca de hispanos, negros, ricos o pobres, adictos, ejecutivos, o cualquier otra clase y tipo de persona, usted no ha entendido la misión de esta iglesia. Eso es lo que somos. Si usted entiende nuestra misión, usted se dará cuenta de nuestra razón de lo que hacemos."

Una declaración de misión debe articular claramente la visión de la iglesia de una manera que sea memorable, desafiante, e inspiradora. Nuestra nueva declaración de misión fue un paso más hacia nuestra pertinencia cultural y el poder espiritual para cambiar vidas. Nuestro equipo de trabajo aprendió mucho de la lectura de *Iglesia Simple* por Thom Rainer y Eric Geiger. En un artículo de *Church Executive* [Ejecutivo de la iglesia], Sam Rainer (hijo de Thom) comenta, "El concepto de la iglesia sencilla revolucionó la manera en que las iglesias conciben su proceso de discipulado. Primero, el *qué* se convierte en el *cómo*—la apariencia de los discípulos nos permite ver un claro proceso." Sin embargo, el cambio efectivo no sucede hasta que todo el equipo de trabajo está de acuerdo con la misión. Rainer agrega:

Los líderes de la iglesia trabajarán durante meses para llegar al momento propicio para simplificar la estructura de una iglesia. La gente adoptará una nueva declaración de visión. Los ministerios se alinearán. Todos estarán de acuerdo en qué significa hacer un discípulo. Pero este cambio no será a largo plazo a menos que el equipo de trabajo se mueva en la misma dirección. Cuando usted cambia radicalmente el proceso de discipulado, también debe reestructurar radicalmente el personal de la iglesia para que armonice con el proceso. La iglesia sencilla no dará resultado a menos que la *responsabilidad ministerial y la supervisión* armonicen con el proceso de discipulado.[15]

Ben Dailey fue la ayuda clave que tuvimos para "reestructurar radicalmente el personal de la iglesia de manera que armonizara con el proceso" en Calvary. Como parte del proceso, hicimos un análisis riguroso de todos los programas que teníamos. Eliminamos aquellos programas que no contribuían al cumplimiento de nuestra misión. Algunos de ellos habían sido establecidos junto con el ascenso de Cristo (por lo menos así me parecía), y la gente se negaba a dejar actividades que habían desarrollado por tanto tiempo. Cerramos nuestro ministerio a las damas y lo recreamos con nuevos propósitos, liderazgo, visión, y metas. Cerramos el ministerio a los varones, y con sumo cuidado construimos uno nuevo que fuera más efectivo. Nada estuvo fuera de nuestro alcance, pero tuvimos siempre presente comunicar amor, valor, y respeto durante toda la transición. No usamos el hacha; usamos un bisturí, con palabras reafirmantes, y una clara visión del futuro. Muchos estaban entusiasmados con los cambios. Otros estaban temerosos, pero el amor echa fuera el temor.

La nueva declaración de misión le dio claridad y poder a nuestra meta de ser inclusivos. El verbo *extender* implica la planificación y el esfuerzo de ir a sectores de la comunidad y del mundo para alcanzar a aquellos que no conocen a Cristo. ¿Quién es nuestro auditorio? Existimos para alcanzar a quienes no han sido alcanzados. Así es de claro, sencillo, y profundo. Ya nadie podía malentender el propósito de nuestra iglesia. Cuando la clara visión ocupó su lugar en nuestro corazón, comenzamos a ver nuevas oportunidades para alcanzar personas. Nos dimos cuenta de que había grandes vecindades cerca de la iglesia que habíamos pasado por alto. Era sectores habitados predominantemente por negros, hispanos, y asiáticos. Cuando nuestro nuevo edificio estaba en construcción, fuimos a esas vecindades a distribuir literatura, alimentos, y ropa, e invitamos a la gente a adorar con nosotros.

Abrir un espacio

El resultado de mi reunión en Phoenix con estos siete amigos no fue que Dios me dijo que *saliera*. Ni tampoco me dijo que me *distanciara*. Él simplemente me dijo que me *moviera*. Debía moverme y abrir un espacio para que emergieran nuevos líderes. Los pastores no debieran esperar tanto como hice yo para invitar a un brillante y creativo líder más joven a que se les una en el ministerio. De hecho, creo que constantemente debemos reclutar nuevos líderes para que se unan al equipo de trabajo de la iglesia. Conforme avanzan en edad, los pastores tenderán a perder la comunicación con la generación más joven, y se abrirá un espacio (y la necesidad) para otra oleada de dinámicos intérpretes de la cultura de los jóvenes y de los adultos jóvenes. Cuando dejamos que el personal y los voluntarios clave envejezcan sin añadir gente joven en la mezcla, posiblemente nos sentiremos más cómodos, pero ciertamente fracasaremos en nuestro propósito de conectarnos con un vital segmento de la población.

> Debía moverme y abrir un espacio para que emergieran los nuevos líderes.

Mi sugerencia no es que los pastores mayores abdiquen a su responsabilidad de liderazgo. Solamente abogo por la necesidad de encontrar un lugar para los líderes más jóvenes. Debemos valorar su aporte, debemos escuchar sus sugerencias, y debemos prestar atención cuando hacen sugerencias acerca de su generación.

Cuando se valora a los líderes más jóvenes, se corre el riesgo de que los pastores mayores y el personal que tiene cierta antigüedad se sientan amenazados. Los líderes mayores han invertido su tiempo y sus talentos en edificar una iglesia, y se han habituado a ser el centro de atención. Para ellos, compartir el liderazgo y compartir la atención podría ser una molestia. Y podrían pensar que la popularidad de un líder más joven podría socabar su autoridad.

Es fascinante descubrir en la enseñanza del Génesis que Dios con frecuencia invirtió el orden establecido y usó al menor de una familia para cumplir sus propósitos. En ese tiempo, el principio de la primogenitura era inviolable: el hijo mayor recibía la mejor parte de la bendición. Pero Abel era más justo que Caín, el hermano mayor. Jacob se convirtió en patriarca cuando Esaú le vendió su primogenitura. Dios usó a José, el undécimo hijo de Jacob, para salvar a su familia y a Egipto de una hambruna.

Para mí y para Calvary Church, el propósito de Dios es más importante que mi gloria. Podría haber desechado el consejo de amigo de dar una fresca mirada a las estructuras y los sistemas de nuestra iglesia, y pude haber dicho no cuando Dios me mostró que debía pedir a Ben Dailey que se reincorporara al equipo de trabajo de Calvary. No había planeado que el predicara con regularidad, pero cuando vi la unción de Dios sobre él, tuve que tomar otra decisión. Podía abrir un espacio para él y los talentos que Dios le había dado, o podía seguir yo mismo cumpliendo la función de más prominencia.

En todo momento, enfrentamos potenciales amenazas en la posición en que nos encontramos. Si somos personas inseguras, nos aferramos con uñas y dientes a nuestra posición y a nuestra autoridad. Pero si tenemos una cierta medida de humildad, con alegría nos moveremos y abriremos un espacio para los talentosos líderes más jóvenes.

En su carta a los Filipenses, antes de que Pablo escribiera un cántico acerca del carácter de Cristo, su humildad y su gloria, él nos dio claras instrucciones. Primero, nos recordó que debemos permanecer firmes en la gracia, el amor, la bondad, y la aceptación que Cristo compró con su sangre. Pablo escribió:

> Por tanto, si sienten algún estímulo en su unión con Cristo, algún consuelo en su amor, algún compañerismo en el Espíritu, algún afecto entrañable, llénenme de alegría teniendo un mismo parecer, un mismo amor, unidos en alma y pensamiento (Filipenses 2:1,2).

La expresión *por tanto* tiene dos significados en el griego. A veces significa: "No sé si esto será verdadero", pero a veces significa "Si, y es ciertamente verdadero". Esa es la manera en que Pablo lo usa. ¿Nos consuela el hecho de estar unidos a Cristo en su muerte y en su resurrección? ¡Por supuesto que sí! ¿Nos gozamos y nos fortalecemos por causa de la incomparable maravilla de su amor por nosotros? ¡Sí, nos sobrecoge! ¿Nos complace participar en la vida en el Espíritu, en su bondad y en su poder? ¡Es el fundamento de nuestra vida! Por tanto, si estas cosas son verdaderas, ¿cómo respondemos? Estas verdades nos dan lo que desesperadamente queremos y necesitamos: la certidumbre del amor incondicional, el perdón, y la aceptación. En Él, estamos completamente seguros. La única respuesta lógica es: "No hagan nada por egoísmo o vanidad; más bien, con humildad consideren a los demás como superiores a ustedes mismos. Cada uno debe velar no sólo por sus propios intereses sino también por los intereses de los demás" (Filipenses 2:3,4).

En su excelente libro, *Good to Great* [Bueno a excelente], Jim Collins, profesor de Stanford University, comparó las características de las buenas empresas con unas pocas que pueden considerarse excelentes. Con frecuencia, un líder que insiste en ser la superestrella inhibe el crecimiento de la empresa, y el espera que otros cumplan sus planes. Collins llama a este modelo de liderazgo "un genio con un millar de ayudantes". Él observa: "Los genios rara vez organizan grandes equipos de administración, por la simple razón de que no los necesitan. Y generalmente no los quieren tener."[16]

Collins explica que los mejores líderes tienen una mezcla de dos características esenciales: humildad y resolución. Están más interesados en cumplir el propósito de la organización que en recibir aplausos. De hecho, están más dispuestos que otros que han contribuido al buen éxito de la organización sean quienes reciban los aplausos. Collins enfáticamente dice: "Los líderes buenos a excelentes nunca tuvieron como fin convertirse en grandes héroes. Nunca soñaron con que se les pusiera en un pedestal o que se los conviritiera en íconos inalcanzables. Fueron personas sencillas que discretamente produjeron resultados extraordinarios."[17]

Hay pastores exitosos—especialmente aquellos que pertenecen a una denominación con una poderosa tradición de autoridad pastoral—que a veces se los trata como grandes héroes. Y lamentablemente, algunos de ellos piensan que sí lo son. Cuando esto sucede, la protección y expansión de su buen nombre se convierte en el principal objetivo que nunca se menciona. La arrogancia es la horripilante hermana gemela de la inseguridad. Son inseparables, aunque a simple vista no veamos la conexión en la vida de un líder.

> La arrogancia es la horripilante hermana gemela de la inseguridad. Son inseprables, aunque a simple vista no veamos la conexión en la vida de un líder.

Cuando sentí que Dios me mostraba que debía invitar a Ben Dailey para que reincorporara a Calvary, supuse que era solamente para que me ayudara a ser mejor pastor principal de la iglesia. Cuando vi el impacto de la predicación de Ben y de su liderazgo, me di cuenta de que el plan de Dios no era lo que yo había supuesto, y que su provisión era aún mayor de lo que yo habría soñado. Mi resolución de que Calvary se conviertiera en una gran iglesia inclusiva era más firme que nunca, pero me di cuenta que el cumplimiento de esta visión no dependía de mí. Nunca lo fue. No lo es. Ni nunca lo será.

Mi seguridad descansa en el amor de Dios y en su llamado. Los propósitos de Dios son más importantes que mi buen nombre. Muchos pastores se preocupan demasiado de la imagen que proyectan, y el más pequeño agravio les afecta profundamente. Creo que debemos fijar nuestra visión en otro objetivo. Si nos enfocamos en Cristo y dejamos que su amor y su poder moldeen nuestro carácter, no nos preocuparemos de nuestra reputación. La gente nos conocerá como personas de impecable integridad, y Dios se complacerá en ello. Eso es todo lo que importa en esta vida y en la venidera. Cuando nuestro enfoque es el desarrollo del carácter, nuestro buen nombre simplemente es el resultado lógico.

Por otra parte, nunca me pregunté qué haría, si alguien después de ver a Ben, me viera a mí y dijera: "Pastor George, ahora tenemos a Ben. ¿Para qué lo queremos a usted aquí?" Confío en el llamado del Señor en mi vida. Estoy confiado en el hecho de que Él quiere que cumpla una responsabilidad en Calvary, y me siento honrado de cumplir con todas mis fuerzas. Cuando quiera que deje mi responsabilidad, Dios mismo me lo dirá. Antes de eso, quiero hacer todo de mi parte para apoyar y equipar a Ben y al resto del personal de la iglesia. Todavía tengo una importante responsabilidad que Dios me ha dado.

Los líderes que se sienten seguros de su posición en Cristo no se dejan amedrentar tan fácilmente. No viven atemorizados. No exigen que los demás reconozcan su autoridad. No los obsesiona la protección de su buen nombre. Mas bien, disfrutan de la vida, aman a la gente, dirigen con gracia y fortaleza, y celebran los triunfos de otros.

Como líder, mi función principal es aprovechar al máximo lo que el personal y los voluntarios pueden ofrecer, pero sólo después de que he vertido todo lo que tengo en ellos. Pablo trabajó bajo gran presión al establecer las iglesias en el Imperio Romano, pero su vida nunca se caracterizó por el agobio y la tensión. Él dijo a los Filipenses: "Y aunque mi vida fuera derramada sobre el sacrificio y servicio que proceden de su fe, me alegro y comparto con todos ustedes mi alegría. Así también ustedes, alégrense y compartan su alegría conmigo" (Filipenses 2:17,18). Una libación era vino que se derramaba como una ofrenda y sacrificio de agradecimiento. Todo lo que Pablo hizo—las glorias de ver a los que respondían al evangelio y sus experiencias de sufrimiento por la causa de Cristo—era la abundante gratitud por la gracia de Dios que había sido derramada por él en Cristo. Para Pablo, dirigir a las personas no había sido una carga pesada, absurda, ni opresiva. Pablo compartía con otros el amor, el poder, y el propósito que Jesús le había dado.

Por eso, mi principal tarea es, estar tan lleno del amor de Dios, que éste fluya en gratitud, amor, y compasión por quienes me rodean. Seguramente, habrá quienes no estén de acuerdo con mis decisiones, pero el tono de nuestra relación siempre debe ser el constante flujo del amor de Dios. Nuestro andar en Cristo debe ser en gracia y gratitud—el recíproco amor de unos por otros. Dios es el iniciador de la gracia, y nosotros respondemos con asombro y gratitud, y aún más amor y bendiciones emanan de Él, y el resultado es una abundancia de gratitud y admiración . . . y el proceso continua.

Sin esta experiencia de dar y recibir amor y gratitud, el ministerio podría convertirse en algo un poco mejor que el manejo de una empresa. El ministerio debe ser más que eso, mucho más.

Si el pastor no se siente amenazado ni a la defensiva, dejará que otros den pasos aguerridos, pasos creativos. Dejaran que los miembros de su equipo y los voluntarios proyecten su vida conforme a los sueños que Dios les dé, confien en el poder de Dios, y vean los milagros que Dios obra. Los pastores que tienen esa seguridad en el Señor no exigen que los jóvenes, con toda su inteligencia y creatividad, se sientan confinados a una serie de rígidas normas. Dan libertad de que la gente experimente nuevas cosas. A veces, el éxito

Sin esta experiencia de dar y recibir amor y gratitud, el ministerio podría convertirse en algo un poco mejor que el manejo de una empresa. El ministerio debe ser más que eso, mucho más.

será impresionante. Y aunque fracasen, habrán aprendido valiosas lecciones que los perfeccionará en su habilidad para guiar a otros.

Un día me reuní con Ben Dailey, Jeremy Mount, Chris Ayon, y otros líderes jóvenes de nuestro equipo. Les pregunté: "¿Qué harían usted si yo hoy hubiera muerto?" Pude ver la expresión de sorpresa. Creo que algunos se preguntaron si estaba haciendo algún anuncio, así que decidí que aclararía mi pregunta: "Si yo saliera de la escena y ustedes se sintieran completamente libres de soñar y hacer planes, ¿cuál sería la dirección que tal vez Dios les mostraría? ¿De qué manera cambiarían la manera en que Calvary cumple su ministerio?"

Pude ver el alivio (alentador para mí). Continué mi plática: "Cuál sea esa visión, eso me gustaría que hicieran. No esperen a que yo no esté. Hagámoslo hoy, y hagámoslo juntos."

Por alguna razón, mis sencilla pregunta y la invitación les dio el permiso que necesitaban para tener sueños aún mayores que antes. También se despertó en ellos un sentido de autoridad y responsabilidad por delinear planes efectivos. Los grandes sueños requieren de planes bien elaborados. Ellos sabían que lo que yo pedía era mucho más que el uso del pensamiento intuitivo.

Desde que tuvimos esa conversación, ellos han probado muchas nuevas ideas. Cada vez me han presentado sus planes. No puedo negar que algunas de sus nuevas ideas me han hecho sentir un poco incómodo, pero después de una conversación, me he sentido más confiado de que han oído y respondido a la dirección de Dios. Estos líderes jóvenes están aquí por la voluntad de Dios. No es casualidad que ellos estén en Calvary. Dios les ha dado experiencias, talentos, y sueños que yo mismo quiero ver cómo florecen.

Una sencilla pero significativa observación me ha movido a interactuar con nuestros líderes jóvenes en Calvary. He conversado con pastores de toda edad en el país, y he notado la gran frustración entre muchos de los talentosos ministros más jóvenes que sirven al amparo de pastores mayores y con más experiencia. Estos pastores mayores rehúsan moverse para abrir espacio para dar libertad a los más jóvenes. En muchos de los casos, se trataba de una iglesia que decaía y cuyo pastor estaba en edad de jubilarse. He visto esto muchas veces en nuestro país. Cuando el pastor muere o se jubila, muchas de estas iglesias buscan a un pastor joven e innovador, cuyo liderazgo resulte en un nuevo y dinámico crecimiento. Me pregunto: "¿Por qué un pastor mayor no se mueve para abrir el espacio que un visionario y dinámico líder más joven necesita y que hará crecer la iglesia aunque el pastor principal ha envejecido?"

La verdad es que sí se puede. Si lo podemos hacer en Calvary, se puede hacer en otros lugares. Yo puedo ayudar a líderes más jóvenes en nuestra iglesia. Ellos se aventurarán a ciegas en las situaciones. Pueden preguntarme acerca de la historia en torno a alguna actividad, programa, o persona.

Yo sé lo que ha sucedido en el pasado, y sé "dónde están enterradas las víctimas". Estos pastores más jóvenes dependen de mí para que les comunique la sabiduría del pasado, y yo dependo de ellos para que me conecten con las personas inmersas en la cultura del presente. Juntos, tenemos un maravilloso futuro de servicio al Señor. Les damos una plataforma para que celebren su buen éxito. Si usted les preguntara que piensan ellos, creo que le dirían que todo está marchando muy bien. He visto la confianza que ha mostrado cuando el Señor los usa para tocar con su poder a la comunidad.

Todos necesitamos algunos pequeños triunfos que fortalezcan nuestra confianza y que nos ayude a conquistar la confianza de las personas a quienes servimos. La lealtad no se hereda. Yo no puedo compartir la confianza de la gente con los líderes más jóvenes. Puedo darles una plataforma y comunicar a las personas que yo confío en ellos, pero cada líder debe por si mismo ganar el amor y el respeto de los demás. La lealtad se gana con el tiempo y con el desempeño. No sucede en el vacío. No se gana rápidamente. La gente necesita ver una calidad constante, integridad, metas realistas, una serie de pequeños triunfos, y sabiduría.

Quiero crear una atmósfera que produzca líderes jóvenes que sean visionarios y responsables; que estén dispuestos a hacer lo impredecible por la causa de Cristo, pero también quiero crear una atmósfera en que los líderes jóvenes aprendan de sus fracasos. Cuando las personas son severamente reprendidas por haber fracasado, se vuelven temerosas o se alejan y buscan un ambiente más positivo. Yo siempre reconozco ante mi equipo de trabajo que todos nos equivocamos. Ha habido sólo un perfecto ser humano y sus enemigos lo crucificaron. La gente que trabaja en nuestro equipo no tiene que mentir para cubrir sus faltas. Pueden ser completamente sinceros porque tengo la plena seguridad de que cada equivocación es una lección para el futuro éxito. El fracaso no es fatal ni final. Puede ser el mejor trampolín en la vida de una persona, pero sólo si fomentamos una atmósfera de amor, apoyo, sinceridad, y visión para el futuro. Yo mismo he aprendido mucho más de mis errores que de mis victorias, y estoy seguro de que no soy el único.

Cuando una persona quiere hacer grandes cosas para Dios, cualquier fracaso no será suficiente como para que yo le pierda el respeto y la confianza.

La selección es más importante que el adiestramiento. Si selecciona a personas competentes, maduras, y talento-sas, el adistramiento será cosa sencilla. Pero si selecciona a personas que tienen grandes deficiencias, el adiestramiento difícilmente llenará el vacío de lo que se necesita para el buen éxito. La moraleja es clara: al contratar miembros para su personal o voluntarios para los ministerios, dedique suficiente tiempo a la entrevista, consulte los antecedentes, y busque la dirección del Espíritu. El proceso pudiera pare-cer demasiado largo, pero la seguridad de la partida pagará grandes dividendos en el camino. Trabajar con una persona conflictiva puede agotar la energía y corroer la visión, y el despido de un funcionario siempre será una tarea difícil. Seleccione y contrate con sumo cuidado.

Uno de los principales criterios para añadir personal a nuestra iglesia en los últimos cinco años en Calvary ha sido que la persona tenga una sensibilidad por la inclusión. Hacemos preguntas directas e indirectas, revisamos antecedentes, y escuchamos con suma atención lo que hay en el corazón del candidato. Queremos saber si la extensión hacia arriba, hacia adentro, y hacia afuera es sólo una nueva idea, o si realmente es el ADN espiritual de la persona. En nuestra iglesia somos *gracistas* en vez de *racistas*. No podemos cometer el grave error de contratar a alguien que no haya invertido, que no esté equipado, ni tenga la experiencia para ministrar a personas de toda raza, edad, y clase social. Cada aspecto de la vida de nuestra iglesia es importante, y cada uno de ellos—la adoración, las damas, los niños, los jóvenes, los adultos mayores, las madres solteras—debe tener en su corazón el sello de la inclusión.

Necesitamos líderes que trabajen a nuestro lado, no así los que van tras nosotros sin rumbo alguno.

Considere lo siguiente:

1. ¿Cuáles son algunas de las señales de que un líder se
    siente amenazado?

2. ¿Cuáles son algunas conexiones entre la inseguridad,
    la arrogancia, y la actitud defensiva?

3. ¿Cuáles son algunas señales de que un pastor debe
    moverse para abrir espacio a líderes más jóvenes que
    están más conscientes de las necesidades de la cultura?
    ¿Cómo puede un pastor moverse y abrir ese espacio,
    sin retirarse ni alejarse?

4. ¿Cuál es el aporte de los líderes más jóvenes? ¿Qué necesitan ellos del pastor y de otros líderes con más experiencia?

5. ¿Ha sido usted parte de un equipo que provee respaldo, celebra los triunfos, y ayuda a aprender de los fracasos? Si su respuesta es afirmativa, ¿de qué manera esa experiencia formó su vida? Si su respuesta es negativa, ¿de qué manera pudo enriquecerlo una atmósfera como la que se describe?

6. Lea Filipenses 2:17,18. ¿De qué manera afecta nuestro corazón, nuestro sentido de propósito, nuestras relaciones, y nuestras expectativas cuando vemos la vida y el ministerio como la manifestación del amor de Dios?

7

Quiebra el techo de vidrio

¡Por fin! Después de años de preparación, oración, y esperar en el Señor, Calvary Church comenzó a ver una explosión de crecimiento. Me sorprendió la manera en que sucedió, y me hizo pensar en lo que nos habíamos perdido por tanto tiempo.

Cuando Ben Dailey se reintegró a nuestro equipo a mediados de 2007, habíamos dado importantes pasos a la inclusión en cada área de la iglesia. Teníamos pastores de raza negra, hispanos, y asiáticos. Teníamos personas de diversas etnicidades como líderes y voluntarios en posiciones clave del ministerio. Invitamos a las mujeres a que desempeñaran cargos de importancia. Teníamos líderes jóvenes que servían de intérpretes para las generaciones mayores. Y teníamos una directiva mucho más diversa. Cuando Ben regresó a nuestro personal, todos estos cambios aumentaron. Él vio más oportunidades para la inclusión de las que yo mismo había notado, y le di luz verde para que avanzara.

Calvary ya no ganaba una o dos personas. Cuando las visitas vieron que teníamos personas de diversa etnicidad en pisiciones clave del liderazgo, se sintieron más cómodos y valorados. Pronto, muchos de los más nuevos también quisieron participar. No lo describiría como una avanlancha, pero hubo un flujo significativo de personas nuevas en nuestra iglesia. Quienes marcaron ese cambio fueron los nuevos líderes. A modo de ejemplo, nuestra iglesia tiene un ministerio que hemos denominado First Impressions [Primera Impresión], que agrupa a los acomodadores en los estacionamientos, las personas que atienden en el mesón de información, los que saludan en las entradas, y los ujieres. Cuando todas estas personas eran anglos de piel blanca, comunicaba un mensaje inconfundible a las personas que nos visitaban por primera vez (o por milésima vez). Cuando le pedimos a uno de nuestros hermanos de piel negra que dirigera este ministerio, él reclutó un maravilloso equipo de voluntarios en que se apreciaba la diversidad. Hoy, nadie que entra a nuestro estacionamiento y más tarde sale de nuestro edificio piensa que somos de alguna manera exclusivistas. El grupo de personas en nuestro Ministerio Primera Impresión se asemeja a la asamblea general de las Naciones Unidas.

Durante este tiempo, el impulso aumentó. Pronto, tuvimos un sistema de desarrollo de líderes que garantizaba un constante flujo de personas que por primera vez participaban en funciones clave del ministerio de la iglesia y que contribuían con su entusiasmo, pertinencia, y características únicas. Años antes, mis amigos en Phoenix me habían dicho que el problema estaba en nuestra estructura y nuestro sistema. Hoy, queríamos que ambos estuvieran en perfecto alineamiento con nuestra misión. ¡Yo mismo estaba maravillado!

Un primer paso importante

Cuando Ben regresó de California, teníamos un varón muy talentoso que dirigía la adoración en nuestra iglesia. Él tenía cincuenta años de edad, piel blanca, un talentoso cantante y músico, y hacía una muy buena labor en guiar a las personas en la adoración a Cristo. Él verdaderamente era uno de los más talentosos líderes de adoración que había trabajado conmigo. Yo estaba muy agradecido de su ética de trabajo, su incuestionable lealtad, y su magnífico talento.

Sin embargo, durante varias semanas, Ben me habló acerca del joven director de adoración del culto para los hispanos. Con toda delicadeza, me interrogaba: "Pastor, ¿has visto cómo Elmer Cañas dirige la adoración?"

Tengo que reconocer: "No, no había estado en ese culto últimamente."

Ben me volvió a dar el codazo: "Él tiene algo especial. Es un diamante en bruto, que si se pule y se le da forma, podría ser una gran ayuda para que la gente de nuestro servicio en inglés se conecte con Cristo. Si usted observara lo que hace, estoy seguro de que tendrá una grata sorpresa."

Tengo que reconocer: pasaron unos cuantos meses antes de que siquiera pudiera pensar en la posibilidad de tener otro líder de adoración en el culto del domingo en la mañana. No me sentía muy cómodo, pero esa era la razón de que Ben fuera nuevamente parte del equipo. Finalmente, una vez más Ben se acercó a mí con la sugerencia. Me dijo: "Pastor, cómo quisiera que le diera a Elmer Cañas una oportunidad de dirigir la adoración el domingo en la mañana. Él nos ayudaría a conectarnos con unos cuantos grupos de personas. Elmer es un muchcho soltero de veintidós años de edad que vino de Los Angeles. Su padre es hispano y su madre, coreana."

Respondí: "Está bien, hagamos la prueba. Dejaremos que dirija la adoración durantes tres domingos consecutivos y veremos qué sucede."

Calvary Church había experimentado un movimiento sísmico durante esas dos semanas.

Conversé con el líder que regularmente está a cargo de la adoración y le di tres semanas de descanso. Pedí a Elmer que organizara su propio equipo de adoración para las tres primeras semanas del nuevo año.

Elmer dirigió la adoración, y me sorprendió . . . y la sorpresa fue grata. Después de la segunda semana, estaba completamente convencido. Me di cuenta de que Calvary Church había experimentado un movimiento sísmico durante esas dos semanas. Elmer puso juventud, vida, y energía en nuestra adoración. Había una conexión divina entre el líder de adoración y los adoradores. El pueblo respondió con un derroche de alabanzas a Dios. Los más jóvenes concentraron su atención en Dios y se sumergieron completamente en la adoración. Personas que hasta el momento sólo asistían para observar el culto, ahora participaban de todo corazón en la celebración de la gloria de Dios. La diferencia era drástica y maravillosa. Era como si una bomba de alabanzas hubiera explotado en el culto de adoración.

Después de la segunda semana, miré a Ben, moví la cabeza y sonreí. Él sabía exactamente lo que yo estaba pensando. Me reuní con Elmer y le dije: "Si estás dispuesto, quisiera que tú dirigieras la adoración los domingos en el culto de habla inglesa en el Worship Center." Él aceptó y me dio las gracias por confiar en él.

Obviamente, cuando una iglesia hace un repentino cambio que tenga que ver con las personas que ocupan un lugar en la plataforma, siempre habrá una repercusión. A quien hasta ese momento había sido el líder de adoración, le pedí que dirigiera la adoración en la Capilla en nuestro servicio tradicional. Durante años, celebramos un culto en la Capilla para personas que preferían cantar los grandes himnos de fe y de adoración de una manera más tradicional. Allí podían cantar las melodías de Bill Gaither y adorar de una manera reminiscente de sus años de juventud.

El traslado de nuestro líder de adoración a la Capilla fue una solución transitoria. Él prontó encontró una posición de ministerio en otra iglesia del "metroplex". Él entendió la misión de Calvary, y también entendió cabalmente mi anhelo de ver que Calvary Church se convirtiera en la iglesia a la que Dios nos había llamado a ministrar. Yo me alegré mucho al ver su buena actitud y su comprensión de la situación.

Elmer Cañas organizó su propio equipo de adoración para los cultos en inglés. Pronto, en la plataforma tuvimos un diverso grupo de líderes de adoración que reflejaba la demografía de nuestra ciudad y de nuestra congregación. Por fin, la imagen que proyectaba Calvary Church armonizaba con la población de Irving, Texas. Elmer mezcló salsa, R&B, nuevas canciones espirituales, y una versión actualizada de algunos himnos tradicionales. Era la epítome de una fusión de estilos de adoración. Había algo que ofrecer a cada persona, y por lo que observaba, estaban encantados con todo lo que se hacía. Aunque nuestra meta era llegar a un auditorio muy diverso, Dios usó a Elmer para amalgamar los rostros y los sonidos en una adoración que para todos era convincente, atractiva, y significativa. Nunca imaginé que podría suceder, pero lo vi con mis propios ojos.

Todos los esfuerzos que habíamos hecho para incluir a personas de diversas razas, edad, y género en las posiciones de liderazgo habían dado su fruto, pero tener a Elmer Cañas y su equipo para dirigir la adoración nos lanzó a un nuevo ámbito de crecimiento, aquel tipo de crecimiento que habíamos pedido a Dios para nuestra iglesia.

Algunas personas que han leído esta historia, se han preguntado cuál fue el escollo en esta etapa de cambio. Realmente, no hubo una resistencia evidente, tal vez porque el entusiasmo y la cantidad de personas aplacaba cualquier inquietud. Todos podían ver que este era un movimiento que contaba con la bendición de Dios. ¡Nadie quería ser obstáculo en el camino de Dios! Los adultos compartían con sus vecinos acerca de la maravillosa adoración en Calvary Church. Los adolescentes invitaban a sus amigos. La gente en su lugar de trabajo, después de haber hablado de deportes, moda, o transacciones, cambiaban la conversación al tema de la adoración, porque estaban muy contentos de lo que Dios estaba haciendo en la iglesia. En cosa de semanas, vimos que la asistencia aumentó más de 30 por ciento, y no fue sólo un fugaz aumento. Dios obró en el corazón de esas personas, y se quedaron en la iglesia. De hecho, esas personas que llegaron por una invitación, invitaron también a otros a que los acompañaran.

Desde que Ben y Kim Dailey volvieron a Calvary en 2007, vimos un significativo crecimiento, pero la adición de Elmer Cañas y su equipo para dirigir la adoración produjo el aumento mayor. Estas son la cifras que muestran el crecimineto:

—En 2007, crecimos 10 por ciento.

—En 2008, crecimos 14 por ciento.

—En 2009, crecimos 31 por ciento.

—En 2010, crecimos 13 por ciento.

—En 2011, crecimos 8 por ciento.

Mientras escribo esas líneas, a mediados de 2012, ya hemos crecido un 10 por ciento durante la primera mitad del año. Cada uno de estos aumentos, supera el record anterior. Al registrar las cifras de cada año, notamos que la asistencia de Calvary se ha duplicada en los últimos cinco años.

Prepare el terreno

Podríamos usar muchas metáforas para describir la preparación antes de que viéramos significativo crecimiento en Calvary. Si usamos una ilustración agrícola, nos referiríamos al trabajo que el agricultor realiza para obtener una buena cosecha: arar la tierra, preparar zurcos, sembrar, fertilizar, regar, y desmalezar. Si usamos la ilustración más dramática de una bomba, podríamos explicar que el aparato tiene que ser diseñado, cada componente tiene que ser fabricado, el detonador tiene que ser calculado con toda precisión, y la bomba tiene que ser situada en el lugar preciso antes de que ocurra la explosión que esperamos. Podríamos usar ilustraciones de los deportes, la guerra, el mundo de los negocios, la construcción, o cualquier otro campo, pero la moraleja será siempre la misma: antes de que veamos un crecimiento significativo, habrá mucho trabajo, oración, y preparación.

Si en 1995, cuando Dios me dijo "tu iglesia es demasiado blanca", le hubiera pedido a Elmer Cañas que dirigiera la adoración, seguramente habría enfrentado una clara respuesta negativa. En ese tiempo, toda persona que se paraba en la plataforma debía vestir conforme a un rígido patrón de vestimenta. Los pastores debían usar un traje negro o azul marino, camisa blanca, y corbata. Los músicos de la orquesta vestían esmoquin. El coro usaba túnica. La gente de nuestra iglesia no estaba preparada para un cambio tan drástico.

Toda la preparación que vivimos entre 1995 y 2007 equipó al personal, a los miembros, y a mí mismo para ser más inclusivos. Alguien tal vez diría: "¡Eso es mucho, pero mucho tiempo!" Yo respondería: "Pensemos cuanto tiempo pasó antes de que se establecieran los Derechos Civiles en los Estados Unidos de Norteamérica. Transcurrió casi un siglo desde el fin de la Guerra Civil hasta que en los años sesenta se aprobara la legislación de los Derechos Civiles. Doce años no son muchos cuando medimos la resistencia al cambio en nuestro país; y todavía tenemos muchas tareas que cumplir para avanzar hacia una sociedad inclusiva y justa."

No se trataba de solamente cambiar programas; teníamos que cambiar *la cultura misma de la iglesia*. Eso requiere

> Toda la preparación que vivimos entre 1995 y 2007 equipó al personal, a los miembros, y a mí mismo para ser más iclusivos.

de tiempo, energía, sabiduría, paciencia, e intencionalidad. Podía ver algunos de los cambios que teníamos que hacer, pero un momento clave era traer a Ben Dailey para reintegrarlo al personal. Él fue mi interprete de la cultura joven, urbana, y diversa de nuestra comunidad, y con mucha paciencia me explicó cada detalle hasta que finalmente pude entender.

Ben Dailey, Jeremy Mount, y Chris Ayon fueron excelentes informantes para mí durante esos años clave, y quiero felicitarlos por la labor que realizaron. Yo pensaba que estábamos cambiando a la velocidad de la luz, pero estoy seguro de que ellos pensaban por qué yo tardaba tanto en entender algo que para ellos era muy claro. A pesar de todo, nunca vi en ellos frustración ni impaciencia. Agradezco la madurez, la sabiduría, y la constancia que mostraron en todo tiempo.

Cuando hicimos cambios, queríamos tener la seguridad de que nadie se sentiría rechazado. Los cambios que estábamos haciendo tenían la potencialidad de alienar a aquellos que preferían el estilo de adoración más tradicional y un solo tono de piel, y que posiblemente esperaban que todo fuera de esa manera hasta la venida de Cristo. No queríamos incluir a unos y excluir a otros. Quería tratar con sensibilidad a quienes podrían sentirse incómodos, por eso hicimos dos cosas: comunicamos la razón y el propósito de cada cambio, y ofrecimos alternativas que hicieran sentir más cómodas a las personas. Fueron las personas de más edad, la población blanca de nuestra iglesia que habían sido miembros por muchos años, los que no se sintieron cómodos con la nueva apariencia y el sonido de nuestro nuevo culto de adoración. Cuando acabábamos de inciar el proceso—mucho antes que Elmer y su banda y sus canteantes subieran a la plataforma—comenzamos el culto en la Capilla para quienes preferían el estilo de adoración más tradicional. Unos cuantos de los que formábamos el equipo de pastores, incluídos Ben y yo, predicábamos regularmente en la Capilla. Las personas que adoran en este culto se sienten valoradas y respetadas—un factor positivo cuando se trata de sanar heridas y disipar la incertidumbre respecto al futuro. (Es posible que también ayuda el hecho de que yo mismo pertenezco a ese grupo. No pueden culpar "a esos jovencitos" de todos los cambios porque saben que el cambio de cultura en Calvary cuenta con todo mi respaldo.)

Hoy tenemos nueve cultos cada fin de semana. Uno es tradicional; la mayoría son contemporáneos. En el campus Irving se celebran siete reuniones, y la otra reunión es en nuestra multi-sede, el Rave Theater, en Mid-Cities. Seis de los cultos son en inglés, uno en español, y uno en nepalés. Unos años atrás, notamos el crecimiento de la población nepalí que adoraba al Señor en Calvary Church. Supimos que había más de treinta mil nepalíes que vivian en Dallas. Un campo misionero en nuestro propio hogar. Desarrollamos un plan de transporte para traerlos a la iglesia y depués llevarlos a su hogar los domingos en la noche. Tommy Barnett escribió el libro: *There's a Miracle in Your House* [Hay un milagro en tu casa].[18] Él tiene razón. Cuando informamos a las personas de la oportunidad que teníamos, nos sorprendimos al saber que en nuestra congregación había dos ministros del evangelio nepalíes. Les pedimos que se unieran a nuestro equipo para que dirigieran este ministerio. Los nepalíes tradicionalmente practican el hinduísmo. Estamos muy felices con la oportunidad de conectar a estas personas con el Dios verdadero y de que encuentren salvación en Jesucristo.

Conozca su cultura, alcance su cultura

Una iglesia no necesita tener una asistencia de millares el domingo en la mañana para tener la seguridad de que el nombre de Cristo es anunciado en una comunidad. Nos debe importar el tamaño, pero el corazón y la visión nos deben importar aún más. Respecto a esto, quisiera ofrecer algunos consejos:

Cave profundo para entender su comunidad.

Aprendí una importante lección en estas dos últimas décadas: la única suposición válida es que realmente no entendemos a las personas de otra raza, cultura, y edad. Necesitamos amor y dedicación para cavar profundo en su mundo con el fin de entenderlo mejor.

Considere las estadísticas demográficas de su área, y busque personas que puedan construir puentes de comprensión que lo ayuden a llegar a las personas que Dios quiere que alcance—que realmente son todas las personas de su comunidad. Virtualmente todas las ciudades tienen una rica diversidad, pero ciertos sectores y comunidades suburbanas no cuentan con una gran variedad de etnicidades ni culturas.

No deje de estudiar su entorno. Procure que esto sea una disciplina de toda la vida. Conviértase en un sociólogo práctico y familiarícese con los hábitos de compra, la alimentación, la diversión, y las celebraciones de cada cultura. Procure buscar personas más jóvenes que le sirvan de intérpretes. Tal vez digan cosas que usted no quiere oír porque implícita encontrará la necesidad de reevaluación y cambio. Pero escuche de todos modos.

> Conviértase en un sociólogo práctico y familiarícese con los hábitos de compra, la diversión, y las celebraciones de cada cultura.

Si usted quiere alcanzar a una comunidad diversa, sencillamente tendrá que entender cómo piensa, cómo siente, y cómo vive. Es una tarea ineludible.

Ármese de valor para hacer cambios.

Una mirada fresca nos presenta una nueva perspectiva. Poco después de que Ben, Jeremy, y Chris se unieran a nuestro equipo, me comentaron que una actividad de Calvary que se ha convertido en tradición puede ser culturalmente poco pertinente. Durante años, habíamos celebrado el "Domingo de Rodeo". Soltábamos ganado en el estacionamiento de la iglesia y lazábamos a los terneros. Yo usaba pierneras, botas, espuelas, y un sombrero Stetson, y obviamente, montaba un caballo. Durante décadas, habíamos usado el concepto del "rodeo" para lazar a los vecinos e invitarlos a la iglesia, pero los miembros más jóvenes de nuestro equipo me dijeron: "Pastor, las personas negras, los hispanos, y los asiáticos no se sienten identificados con esas imágenes del oeste de Texas." Me sorprendió ese comentario. A mi me encantaba el Domingo de Rodeo. Yo soy un tejano de corazón, y tengo una pequeña finca en el sector oeste del metroplex. ¿Así que no todas las personas que viven en Texas se interesan en el arreo de ganado? Parece que no. Archivamos la actividad, y a menos que haya un gran cataclismo, no volveremos a usarla.

Sería un grave error buscar "el proyectil mágico" que cause la explosión del cambio. Procure ser fielmente inclusivo en las actividades que por tradición usa para el evangelismo, el discipulado, y la preparación de líderes. En cada caso, procure que haya representación de los diversos grupos étnicos y color de piel, que haya mujeres y personas de diversa edad. Seleccione con sabiduría, adiestre con dedicación, y vea cómo Dios usa a las personas para atraer más líderes y personas a su iglesia.

Sea fiel al llamado de Dios. Alcance a "hebreos y griegos, hombres y mujeres" y confíe que, en su tiempo, Dios dará el crecimiento.

Ore con diligencia y esperanza.

Calvary es la iglesia del Señor, no la mía. Dios ama mucho más de lo que yo amo a las personas de Irving y de las comunidades aledañas. Cristo pagó el más alto precio para rescatarlos del infierno y traerlos a la familia de Dios. Mi función no es forzar a Dios a que haga algo, mi tarea más bien es trabajar en sincronía con Él y ser su mejor obrero en la edificación de su Reino. Puedo aprender de libros, de los amigos, de la experiencia, pero necesito imperiosamente la sabiduría del Espíritu Santo y su dirección para ser el pastor que Él llamó. Podré hacer ésto sólo si mi vida de oración es vibrante y profunda.

Cuando oramos, Dios obra de muchas maneras. A veces, sentimos su presencia como el latido de nuestro corazón. Aún así, no percibimos una respuesta a nuestra oración, y pudiéramos interpretar ese silencio como falta de atención. En ese momento, debemos tener la seguridad de que Dios está escuchando, que está obrando aunque nosotros no lo veamos; que está prepando nuestra vida, nuestros líderes, y nuestra situación.

Durante años, pedí a Dios que me mostrara la clave del crecimiento para Calvary. Me frustraba el hecho de que hubiéramos marcado el paso por tanto tiempo. Aparentemente la clave era que Elmer fuera nuestro director de la adoración, pero en realidad, ese era sólo el cambio más evidente y radical entre muchos otros. Al mirar retrospectivemente, veo muchos momentos en que Dios nos dio sabudiría, cambió nuestro rumbo, nos dio nuevos líderes, y agudizó nuestra visión. El mensaje inicial de Dios, que nuestra iglesia era "demasiado blanca", fue el inicio de todo. El regreso de Ben fue crucial. La adición de nuevos líderes y la diversidad étnica, generacional, de género que aportaron fue otro paso adelante. La nueva declaración de misión y nuestro nuevo edificio fueron cambios estratégicos. El ministerio de Elmer en la adoración fue el cerillo que encendió lo que Dios había preparado durante esos años. Pedí a Dios que me diera la *clave*, y el me mostró un plan completamente nuevo. El cambio de nombre de Calvary Temple a Calvary Church en el 2004 nos dio una identidad nueva, clara, y definida.

> Antes de obrar en el corazón de las personas y en nuestra comunidad, muchas veces tiene que obrar primero en nosotros.

Confíe que Dios siempre obra.

A su manera y en su tiempo, Dios cumplirá su propósito. Cuente con ello. Sin embargo, antes de obrar en el corazón de las personas y en nuestra comunidad, muchas veces tiene que obrar primero en nosotros. No se sorprenda si Dios responde su oración por otros con una luz que disipa las tienenieblas en su propio corazón. Muchos de nosotros nunca reconoceríamos que somos prejuiciosos, pero nuestro lenguaje, nuestras preferencias, nuestro sentido del humor, y nuestras decisiones cuentan una historia muy diferente. Abra su vida a la corrección de Dios. Él ama, Él perdona, y Él cambia vidas—también la suya y la mía.

Los movimientos de un cambio pueden suceder cómo Dios disponga, pero con frecuencia, los vemos cuando seleccionamos líderes que nos ayuden a dirigir la embestida. Sea diligente y busque personas que añadan diversidad al equipo e interpretes que lo ayuden a entender la cultura, pero no tome decisiones precipitadas al hacer su selección. Dios proveerá a la persona adecuada, pero usted debe prepararse para invertir tiempo y esfuerzo para encontrarla. Sin embargo, algún día esta persona podría golpear a su puerta para ofrecerle su ayuda.

Cuando estamos sintonizados con el corazón de Dios, Él se complacc cn abrir pucrtas para nosotros. El Padre guió a Jesús donde la mujer samaritana y otros desechados de la sociedad para que Jesús los tocara con su amor. No obstante, debemos recordar que el amor de Jesús por nosotros le costó la vida, y en cierta medida el amor al prójimo a nosotros podría costarnos nuestra comodidad y seguridad. Debemos estar preparados para pagar ese precio. Vale la pena.

El proceso

En tiempos de cambio, necesitamos preparar nuestro corazón y el corazón de las personas para tomar un nuevo rumbo para el futuro. La victoria instantánea sólo sucede en las películas y muy rara vez en la vida de la iglesia. Con mucha más frecuencia, Dios nos lleva a través de un largo proceso de cambio. Jesús a menudo usó familiares ilustraciones de la vida agraria: el terreno, la siembra, el desmalezado, y la cosecha. Cuando observo a los agricultores, noto que dedican gran parte de su tiempo a la preparación del terreno donde plantarán la semilla. Pasan muchas horas abriendo la tierra con el arado hasta que está en su punto para recibir la semilla. De esta manera, Dios usa su Palabra para suavizar nuestro corazón y hacerlo receptivo a su voluntad y su plan.

En un pasaje de su segunda carta a Timoteo, Pablo usa tres metáforas para que su "hijo en la fe" recuerde que hay un proceso de preparación. Él comenzó con expresiones de ánimo y perspectiva: "Así que tú, hijo mío, fortalécete por la gracia que tenemos en Cristo Jesús. Lo que me has oído decir en presencia de muchos testigos, encomiéndalo a creyentes dignos de confianza, que a su vez estén capacitados para enseñar a otros" (2 Timoteo 2:1,2). Cuando dirigimos a otros, tenemos que ser fuertes. No basta con apretar las mandíbulas y exigir conformidad. Mas bien, nuestra fortaleza viene de la gracia de Jesús. Su amor, su sacrificio, su gloria, y su propósito son como un refuerzo de acero, y también son los elementos que suavizan nuestro corazón. Sólo la gracia de Dios puede hacer simultáneamente estas dos cosas.

Pablo después usa las tres ilustraciones que eran indudablemente familiares para Timoteo. Él escribió:

Comparte nuestros sufrimientos, como buen soldado de Cristo Jesús. Ningún soldado que quiera agradar a su superior se enreda en cuestiones civiles. Así mismo, el atleta no recibe la corona de vencedor si no compite según el reglamento. El labrador que trabaja duro tiene derecho a recibir primero parte de la cosecha (2 Timoteo 2:3–6).

Como un soldado, debemos enfocar nuestra atención en solo un pensamiento: complacer a nuestro Comandante. Como un dedicado atleta, obedecemos las reglas del amor, la lealtad, y el liderazgo para obtener el premio. Y como un diligente agricultor, no nos sorprendemos al ver el fruto de nuestro esfuerzo. Todas estas personas saben que no hay atajos ni una manera más fácil de obtener resultados. Ninguno de ellos se sorprende cuando viene el mal tiempo y hay que tomar medidas más drásticas para mantenerse en pie. Estas personas son completamente realistas y fieles. Pablo se dirige a Timoteo y a nosotros, cuando dice que estas personas son un excelente ejemplo de cómo se debe apacentar el rebaño de Dios.

Pablo no espera una respuesta inmediata de Timoteo a su enseñanza. El concluye su presentación de los modelos de preparación con las siguientes palabras: "Reflexiona en lo que te digo, y el Señor te dará una mayor comprensión de todo esto" (2 Timoteo 2:7). Pablo dice: "reflexiona". Deje que estas imágenes circulen en su mente. Medite en cada una de ellas: el soldado, el atleta, el agricultor; encontrará en ellas lecciones acerca de preparación, dedicación, y esperanza.

Cuando pienso en esos años de poco cambio en Calvary, veo que Dios los usó como una preparación para mí, mi equipo, la congregación, y los líderes que se unieron a nuestra iglesia en ese tiempo. Reconozco que fui impaciente. No había necesidad de que lo fuera. Dios tenía todo bajo control. Tal vez pude aprender mi lección con más rapidez, pero no pensaré en esa posibilidad. Estoy muy agradecido de que Dios usó esos años como una preparación para el crecimiento explosivo. Si hubiera hecho cualquier maniobra para acelerar el proceso, tal vez habría resultado en una catástrofe. En el tiempo propicio, Dios dio el último toque. Yo sólo respondí a su consejo, a veces demasiado lento, pero eventualmente sucedió.

El techo de vidrio en Calvary Church finalmente se quebró, pero sólo después de años de preparación.

Considere lo siguiente:

1. ¿Ha estado alguna vez en una iglesia que vivió un crecimiento explosivo? ¿Qué sucedió?

2. ¿Cuáles son algunas maneras en que Dios prepara a los líderes y a las personas para el tiempo de crecimiento?

3. En el tiempo de preparación, a menudo nos impacientamos. ¿Cuáles son algunas razones de que muchos líderes no valoran mucho la preparación?

4. ¿Cuál es el siguiente paso que usted y su equipo de liderazgo deben dar para:

—Cavar más profundo con el fin de entender a su comunidad?

—Tener el valor necesario para hacer cambios?

—Orar con diligencia y esperanza?

—Confiar que Dios obrará?

5. Lea 2 Timoteo 2:1–7. ¿De qué manera estas metáforas lo ayudan a esperar con paciencia, diligencia, y anhelo?

8

No pierdas tu oportunidad

Lo felicito por haber llegado a este capítulo en la lectura del libro. Si usted no sintiera compasión por las personas en la comunidad y en el mundo, seguramente ya lo habría dejado de lado. El hecho de que haya llegado a este capítulo me dice que su corazón está abierto y sensible a Dios, y que Él le ha dado una visión para alcanzar a los diversos grupos con el maginífico mensaje del Evangelio. En estas páginas, he compartido mi historia de obediencia a la voluntad de Dios. En cada capítulo he identificado algunos principios que aprendí de alguna etapa en el progreso de Calvary. Ahora, quiero resumir estos conceptos en cinco principios esenciales. Ya hemos visto rápidamente algunos de ellos, pero creo que son tan importantes que debemos enfatizarlos. No se conforme con sólo leer estos cinco principios y poner el libro a un lado. ¡Estos principios son muy importantes! Deje que estimulen su pensamiento y que desafíen su corazón. Cuando usted sienta que Dios le habla, deténgase y escuche. Cuando pase por alto el codazo de Dios, deténgase, pídale que hablande su corazón, y que lo ayude a responder en obediencia. Seguramente no verá cambios instantáneos. En mi historia, hubo unas pocas veces en que Dios habló de manera clara y drástica, pero hemos tardado años, décadas, en implementar los planes que Dios nos mostró para Calvary Church y para mí mismo. Aun así, cuando sienta que Dios lo mueve en una dirección en particular, dé el paso. La obediencia es esencial para la vida de fe.

Son cinco los pasos que han guiado el cambio de cultura en Calvary.

El poder de la oración prevaleciente

La oración nos conecta con Dios. Podemos ir a seminarios, conferencias, leer excelente libros y probar la última estrategia. Pero si no estamos intimamente conectados con Dios en oración, todas estas cosas son sólo adornos, o lo que es peor aún, son ídolos que han robado la confianza que debemos tener en Dios.

La oración fervorosa y de fe debe ser lo que practiquemos a todo nivel: en la adoración, en grupos y otros eventos, en reuniones de personal, y en la vida de la iglesia. Sin embargo, lo más importante es que el pastor dedique un tiempo cada día a postrarse a los pies de Jesús para pedir sabiduría, poder, y dirección. Aunque hay muchas cosas que se pueden delegar, esto es algo que se debe hacer personalmente.

Estoy muy consciente de las presiones que hay sobre los pastores. La vida me hace pensar en los platos de Erich

Brenn que giraban sobre unas largas varas y que Ed Sullivan mostró en su programa. Alguien tal vez recuerde la escena. Él corría de una vara a otra, para dar más impulso a los platos que giraban más lento y poner otros a girar. Pronto, tuvo toda una hilera de platos girando sobre varas de madera, hasta que todos cayeron. Nosotros debemos ser administradores y consejeros, visionarios y líderes de grupo. Debemos desarrollar habilidades en recursos humanos y en resolución de conflictos. Pero la mayoría de las personas nunca ve estas exigencias que hay sobre los pastores. Semana a semana solamente ven la habilidad para predicar. Un pastor comentó irónicamente: "Para mí, la seguridad de que tenemos trabajo puede cambiar en dos semanas. Si una semana no impresiono a la gente, lo más seguro es que vuelvan el siguiente domingo para ver si he mejorado, pero después de esto la mayoría se irá."

Cuando se está bajo una gran y prolongada presión, habrá algo que será sacrificado. Para algunos, es el tiempo con la familia; para otros, es el tiempo devocional personal y la oración. Para muchos son las dos cosas.

Si no fortalecemos la oración en nuestra vida, ésta se debilitará hasta que finalmente la reemplazaremos por "asuntos más urgentes". Los pastores deben planificar su tiempo de oración. Deben dejar suficiente tiempo para escuchar a Dios y para que sus oraciones sean algo más que una lista de compras. Además deben proteger este tiempo con toda diligencia. Generalmente, consideramos este aspecto como lo más prescindible en el horario del pastor. Posiblemente planeamos el tiempo de oración, pero si surge cualquier imprevisto o alguien necesita conversar, rápidamente cambiamos de plan. No deje que esto suceda. Jesús oraba al Padre durante la noche. Si Él necesitaba tener un considerable tiempo de conversación con su Padre, ¿cuánto más nosotros?

La oración es un reflejo de humildad, y produce más humildad y dependencia. Cuando oramos, decimos a Dios: "Ya no me pertenezco a mi mismo, soy tuyo. Te rindo mi corazón y mi vida. Haz tu voluntad en mí." Y le decimos: "Esta iglesia, este ministerio, estos líderes, estos miembros, y las personas en nuestra comunidad te pertenecen. No puedo guiarlas a la fe para salvación con amor y poder si tu Espíritu no está obrando en nosotros ni a través de nosotros. Haz tu voluntad en nosotros, Señor. Te pertenecemos."

Las personas en nuestra iglesia deben saber que valoramos la oración persistente. No es necesario que publiquemos en YouTube nuestro tiempo privado de oración, pero debemos comunicar a la gente que necesitamos imperiosamente depender de Dios para cada recurso y dirección para la iglesia. En Calvary, tenemos un tiempo de oración cada domingo a las ocho de la mañana. El equipo de oración no sale del Centro de Oración hasta que yo entro y ellos oran por mí. En cuanto a mí, esto corresponde a los minutos antes del primer culto de la mañana. Juntos, nos acercamos "confiadamente al trono de la gracia para recibir misericordia y hallar la gracia que nos ayude en el momento que más la necesitemos" (Hebreos 4:16); la necesitamos todo el día, cada día, y especialmente cuando comunicamos a las personas la verdad de Dios en el poder de su Espíritu. Quienes están en el Centro de Oración se paran a mi alrededor y ponen las manos sobre mí. Ellos piden a Dios que me unja para que el mensaje cumpla la voluntad de Dios en la mente, el corazón, y la vida de las personas que escuchen. Aunque no me corresponda predicar a mí esa mañana, de todas me paro en el centro del círculo a nombre de todos los pastores que sí deben ministrar ese día.

Estoy convencido de que Calvary no sería la iglesia que tenemos hoy si no fuera por esta clase de oración. ¿Acaso Dios usó su Palabra, el consejo de pastores talentosos, la predicación que había escuchado en conferencias, y los talentos de nuevos líderes? Obviamente que sí, ¿pero cuál es el origen de estas personas y de la sabiduría de ellos? Ellos vinieron de la mano y de la boca de Dios para nuestra iglesia y para mí. Pedimos a Dios que proveyera, y Él lo hizo.

Cuando oramos, podemos descubrir las estratagemas del enemigo para impedir que se cumpla la voluntad de Dios y para distraernos de su obra. El mundo que no vemos es tan real como todas las cosas que podemos percibir con los sentidos. La oración no es una máquina dispensadora de las cosas que queremos. La oración nos conecta con el Dios de gloria, y nos sitúa en el campo de batalla de los ángeles y los demonios. El profeta Daniel describe un tiempo cuando oró diligentemente durante tres semanas pero no tuvo respuesta del cielo. Finalmente, Daniel tuvo la visión de un ángel que le explicó la tardanza:

"Levántate, Daniel, pues he sido enviado a verte. Tú eres muy apreciado, así que presta atención a lo que voy a decirte."

En cuanto aquel hombre me habló, tembloroso me puse de pie. Entonces me dijo: "No tengas miedo, Daniel. Tu petición fue escuchada desde el primer día en que te propusiste ganar entendimiento y humillarte ante tu Dios. En respuesta a ella estoy aquí. Durante veintiún días el príncipe de Persia se me opuso, así que acudió en mi ayuda Miguel, uno de los príncipes de primer rango. Y me quedé allí, con los reyes de Persia. Pero ahora he venido a explicarte lo que va a suceder con tu pueblo en el futuro, pues la visión tiene que ver con el porvenir" (Daniel 10:11–14).

Cuando oramos desatamos las fuerzas del cielo contra los ejércitos de las tinieblas del maligno. Esta comprensión de la oración revoluciona nuestro compromiso a orar, y nos ayuda a entender el furor de la batalla contra los plane de Dios de rescatar al pueblo de sus pecados. Si entendemos esta verdad aún en su más mínima medida, no volveremos a conformarnos con nuestra vida de oración.

Cada uno de nosotros tiene un enemigo muy real que no quiere que alcancemos a la comunidad, que celebremos la diversidad que nos rodea, o que fomentemos una cultura de inclusión en nuestra iglesia. Si semana tras semana nos sentamos cómodamente en nuestra iglesia, sintiendo que somos superiores a las personas que Jesús vino a salvar, Satanás no tiene mucho de que preocuparse. Pero cuando Cristo cautiva nuestro corazón, cuando cambiamos de plan y amamos a las persona que antes pensamos que no eran dignas de nuestra atención, Satanás nos hará la guerra. Nosotros no podremos luchar y ganar el conflicto contra "el que gobierna las tinieblas, . . . el espíritu que ahora ejerce su poder en los que viven en la desobediencia" (Efesios 2:2) sin aferrarnos al poder y la gracia de Dios a través de la oración.

No hay nada que sustituya la oración perseverante llena de fe, que remece el trono. Podemos tener hermosos edificios, oradores elocuentes, administradores talentosos, programas muy bien diseñados, y toda clase de señales visibles de buen éxito, pero sin oración, todo es un simple juego. Dios nos invita a que descansemos en libertad y a salvo en sus brazos eternos; no debemos conformarnos con descansar en brazos de carne.

Pablo nos recuerda que aun cuando no sabemos cómo orar, "el Espíritu mismo intercede por nosotros con gemidos

> Cada uno de nosotros tiene un enemigo muy real que no quiere que alcancemos a la comunidad, que celebremos la diversidad que nos rodea, o que fomentemos una cultura de inclusión en nuestra iglesia.

que no pueden expresarse con palabras" (Romanos 8:26). La autora y maestra Elisabeth Elliot dijo: "La oración nos aferra al plan de Dios y se convierte en el vínculo entre su voluntad y el cumplimiento de ésta en la tierra. Suceden cosas maravillosas, y tenemos el privilegio de ser los canales de la intercesión del Espíritu Santo."[19]

El enemigo es poderoso, pero el poder de Dios es insuperable. Pablo explicó a los Corintios que en la batalla podemos resultar heridos, pero tenemos una superior capacidad de fuego. Él escribió:

> Pues aunque vivimos en el mundo, no libramos batallas como lo hace el mundo. Las armas con que luchamos no son del mundo, sino que tienen el poder divino para derribar fortalezas. Destruimos argumentos y toda altivez que se levanta contra el conocimiento de Dios, y llevamos cautivo todo pensamiento para que se someta a Cristo. Y estamos dispuestos a castigar cualquier acto de desobediencia una vez que yo pueda contar con la completa obediencia de ustedes (2 Corintios 10:3–6).

En Cristo, nunca estamos solos, ni tampoco impotentes. Cuando reconocemos que desesperadamente necesitamos la sabiduría de Dios, Él nos da entendimiento. Cuando somos sinceros respecto a nuestra incapacidad para transformar vidas, Él nos da el poder de su Espíritu. Cuando sentimos que nadie entiende nuestras presiones y nuestros anhelos, podemos tener la seguridad de que nuestro Padre celestial las conoce y se preocupa. Nos conectamos con el corazón de Dios sólo a través de la oración. Allí es donde comienzan nuestra fortaleza y nuestro amor, y dónde recibimos la plenitud de Dios, hasta que nuestra vida reboza de su presencia.

La necesidad de la unción del Espíritu

Un predicador puede hablar con elocuencia y entretener a su auditorio sin la unción del Espíritu Santo, pero las vidas no vivirán cambio alguno. Un líder puede bosquejar maravillosos planes en el papel, pero será sólo algo más que hacer si no se cuenta con el poder del Espíritu que transforma el corazón y cumple el divino propósito de Dios.

Hoy con mucha frecuencia, nos fijamos en lo que no tiene relevancia. Dedicamos mucho tiempo a analizar programas o a aprender nuevas técnicas, pero las habilidades y las estrategias siempre deben estar subordinadas a la obra del Espíritu. No deben sustituirla. Cuando la unción del Espíritu fluye a través del pastor, Él usa las palabras para despertar la mente de los oyentes y atraerlos a la cruz. La responsabilidad del predicador es anunciar la Palabra de Dios; el Espíritu Santo es quien ilumina el corazón del oyente para que pueda entender el propósito de Dios, su amor, y su fortaleza. No debemos dar por hecho la unción del Espíritu. Nada puede reemplazarla. Y no es sólo el predicador quien necesita el poder sobrenatural del Espíritu. Cada aspecto de la vida

Hoy, con mucha frecuencia, nos fijamos en lo que no tiene relevancia.

de la iglesia y del ministerio—la adoración, los niños, los jóvenes, los grupos, los alcances, y toda otra área—necesita convertirse en un canal a través del cual es Espíritu de Dios fluya a la vida de la gente.

Podemos confiar que la unción del Espíritu estará presente si hemos orado y la hemos pedido a Dios. En el libro de los Hechos, los discípulos oraron en el aposento alto, y el Espíritu Santo vino sobre ellos en Pentecostés. Ese día, el derramamiento de amor y poder cambió la vida de tres mil personas. Después, los discípulos oraron y el lugar donde estaban tembló. ¡Esa sí que es una señal de la presencia del Espíritu! La oración y la unción del Espíritu están integralmente conectadas. Cosas sobrenaturales suceden cuando la gente ora con plena fe. A través de Zacarías, un ángel comunicó palabra de Dios a Zorobabel: "No será por la fuerza ni por ningún poder, sino por mi Espíritu—dice el Señor Todopoderoso— (Zacarías 4:6). La manera en que Dios obra no ha cambiado desde es tiempo. En una carta a Timoteo, Pablo lamenta el hecho de que algunos tengan toda la apariencia de piedad, pero que nieguen poder de Dios. Pablo le advierte "¡Con esa gente ni te metas!" (2 Timoteo 3:5). El Espíritu se mueve más allá de las limitaciones de la razón y de las habilidades humanas, y nos impulsa a la esfera de lo sobrenatural.

Algunos suponen que el anhelo de conectarse con la asombrosa fuerza espiritual de Dios es sólo una aventura de poder. Eso puede ser cierto en lo que se refiere a algunos pastores y líderes, cuyos ministerios son como cascarones vacíos. La humildad es un rasgo esencial para quien quiera experimentar la unción del Espíritu. Hay dos factores—humildad y honra—que revelan lo que verdaderamente hay en nuestro corazón. Para probarlos, podemos preguntar: ¿Ha mostrado humildad el pastor a través de la perseverancia en la oración? ¿Quién es glorificado por las vidas que son cambiadas? Una persona orgullosa confía en sus propios talentos. No necesita la oración. Para este individuo, la oración es una pérdida de tiempo, o sólo un espectáculo. Y siempre encontrará la manera de llamar la atención y recibir todos los aplausos. El orgullo es el capataz de todos los pecados porque nos aleja de la verdadera oración, que es lo que nos ayuda a ver nuestras faltas con más claridad y a confiar plenamente en Dios.

Durante los años de transición hacia una diversidad étnica, de género, y de edad en Calvary, cada día tuve que enfrentar mis deficiencias. Necesitaba angustiosamente que el Espíritu Santo me guiara a aguas desconocidas. Necesitaba la unción del Espíritu cuando escogí los nuevos miembros del personal y a los integrantes de la directiva de la iglesia. Yo estaba muy consciente de que no tenía las habilidades ni la experiencia que necesitaba para que todo esto marchara, pero estaba igualmente convencido de que Dios claramente nos esta guiando a alcanzar a un auditorio mucho más amplio. La unción del Espíritu Santo no está reservada para sólo treinta o cuarenta minutos el domingo en la mañana. Yo la necesito cada día y todos los días para la vida que Dios me ha dado como predicador, pastor, líder, esposo, padre, y amigo.

El requisito para la planificación estratégica

Por muchos años, pensé que la planificación era una de mis fortalezas. Pero Ben Dailey y otros líderes jóvenes se unieron a nuestro equipo y me dieron algunas nuevas sugerencias respecto a la planificación estratégica. Cubriendo el proceso en oración, estos jóvenes líderes cuidadosamente examinaron cada actividad y plantearon grandes sueños para el futuro. De ellos aprendí que no basta con planificar para el calendario del próximo año. Ellos me han mostrado la necesidad de planear para el futuro distante: tres años, cinco años, y diez años. En relación con cualquier período de tiempo, sus preguntas son sencillas pero profundas:

—¿Dónde quiere Dios que vayamos?

—¿Cómo llegaremos allá?

Estas dos preguntas desencadenan una serie de otras preguntas acerca de liderazgo, tiempo, recursos, costo, y programación. A la luz de los planes a largo plazo, después examinamos nuestra estrategia para el siguiente año teniendo siempre ante nosotros el futuro. Me sorprende cuando noto que muchos pastores ni siquiera planifican una serie de sermones con un año de anticipación. Algunos me han dicho que "quieren estar abiertos a la dirección del Espíritu". Yo ni siquiera pensaría en empezar un nuevo año sin tenerlo ya planeado, con asuntos importantes y series de desafiantes mensajes. De esta manera, podemos coordinar cada aspecto de la vida de la iglesia—actividades especiales, actividades para los niños, actividades de los jóvenes, grupos pequeños, clases, entre otros—con el fin de que todo se mueva con toda energía y las personas puedan tener una mayor comunión con Dios y una mayor conciencia de su llamado. Con mucha frecuencia, las iglesias reciben mensajes que no tienen continuidad—a veces ni siquiera de una semana a la otra—y la gente no tiene un sentido de que Dios y el pastor los están llevando en una dirección específica e importante. Obviamente, los títulos de los mensajes siempre están sujetos a cambio, y los acontecimientos drámaticos cambiarán temporalmente nuestro rumbo. ¿Qué pastor predicó el sermón que tenía preparado el domingo después del ataque a las torres gemelas en septiembre de 2001? ¿Quién en Joplin, Missouri, se mantuvo fiel a la serie que tenía planeada después del tornado F5 que devastó la ciudad en 2011? Debemos planear con efectividad y dedicación, pero también debemos mantener la pertinencia con el momento que vivimos.

El proceso de planificación siempre comienza con la misión. ¿A qué nos ha llamado Dios a ser y hacer? ¿Cuáles son los valores y metas no negociables que Dios nos ha dado? ¿Cuál es nuestra declaración de misión a prueba de tiempo? Ésta no cambia y es el punto de referencia que nos ayuda a medir cada aspecto del plan. La planificación es tanto global como específica. El equipo de liderazgo

El proceso de planificación siempre comienza con la misión. ¿A qué nos ha llamado Dios a ser y hacer?

traza planes para toda la vida de la iglesia, y cada líder de ministerio después desarrolla un plan para cada actividad en el calendario, sean los cultos de adoración del domingo o sean las actividades especiales, como los esfuerzos para ayudar a las madres solteras de la comunidad. En la planificación de nuestros servicios de adoración, consideramos cada minuto del culto. Planeamos cada transición, de la bienvenida a la música, al drama, a los anuncios, al mensaje, y a la despedida. Ciertamente, a veces nos desviamos de este plan, pero, por lo menos, sabemos cuanto nos hemos alejado del plan original para que podamos hacer las modificaciones necesarias. Si no tuviéramos nuestro plan minuto a minuto, fácilmente perderíamos el control del tiempo, alargando demasiado o dejando de lado asuntos de importancia.

Por otra parte, no hay eventos que estén escritos en piedra. Una actividad que dio buen resultado un año posiblemente no sea la mejor para el año siguiente. Tal vez algo en la cultura ha cambiado, las necesidades del pueblo pueden ser otras, o es posible que decidamos que hay otro fin en que podemos usar los recursos de manera más efectiva.

Si una iglesia ha sido demasiado "blanca", demasiado "vieja", y con un dominio masculino demasiado marcado, la condición inicial siempre hará que los líderes vuelvan a sus antiguos hábitos. La planificación estratégica siempre deja algo en claro: Dios nos está dirigiendo en otra dirección. Ahora nos resta definir cómo llegaremos a ese lugar. La buena planificación nos ayuda a conectarnos a Dios y a permanecer conectados a su corazón.

Unos cuantos años después de que Dios me habló acerca de la diversidad en 1995, es posible que la gente que vio la iglesia Calvary se preguntó si yo tenía un plan para seguir adelante. Sí lo tenía. Dios lo estaba formando en mi mente y en mi corazón casi cada día. Parte de ese plan era que la iglesia de manera gradual pero decisiva experimentara un cambio en su manera de pensar, sentir, y actuar. La aceptación de la diversidad requirió de un gran esfuerzo en planificación estratégica, y hemos visto la obra de Dios en todo momento.

La necesidad de conciencia y pertinencia cultural

Quiero expresar una de las principales preocupaciones que tengo en mi corazón. Me preocupa el pensamiento de que yo predique y nadie me escuche porque piensan que mis palabras son irrelevantes. No importa cuanto me esmere por entregar un mensaje teológicamente preciso, y no importa con cuánto fervor comunique ese mensaje. Si no llego a la vida y al corazón de las personas que me escuchan, mi misión como mensajero de Dios y pastor ha fracasado. Es necesario que me haga las siguiente duras preguntas:

—¿Respondo a preguntas que nadie ha hecho?

—¿Realmente entiendo las esperanzas y los temores de las personas?

—¿"Hablo el idioma de ellos"; me he familiarizado con las películas, la música, la comida?

—¿He conectado las verdades de la palabra de Dios con las realidades de la vida de ellos?

—¿Están conscientes de que yo me intereso en ellos?

La relevancia, sin embargo, no necesariamente implica validación o conformidad. Cada cultura tiene sus propias formas de idolatría: poder, familia, éxito, placer, popularidad. Si entendemos los sueños y los impulsos de las personas, podemos hablarles con autoridad y sensibilidad, y llamarlos a que reemplacen esos ídolos con lo único que relamente puede llenar el corazón—el amor, el perdón, y el poder de Jesucristo.

Hoy, muchas iglesias están concentradas en ser pertinentes que han perdido su filo evangélico. Es nuestra responsabilidad hablar de la verdad, de la esperanza, y del poder de Dios a la cultura para que la iglesia ejerza un dramático impacto en la comunidad. No nos paramos fuera de ella para condenarla, ni abandonamos nuestros valores bíblicos para unirnos a ella. Entramos en la cultura con el evangelio, y representamos a Cristo ante aquellas personas que conocemos. Jesús no se quedó en el cielo para dictar juicio sobre los pecadores, ni dejó que las amenazas de los fariseos lo hicieran retractarse de su amor por las personas que nadie amaba. Así lo expresa las palabras de un himno de Charles Wesley: "Él dejó el trono de su Padre en lo alto, sin costo alguno, su infinita gracia. Se entregó completamente por amor, y murió por los indefensos hijos de Adán."[20]

Es nuestra responsabilidad hablar de la verdad, de la esperanza, y del poder de Dios a la cultura para que la iglesia ejerza un dramático impacto en la comunidad.

Quien quiere ser pertinente debe esforzarse. No sucede fácilmente ni por osmosis. Yo me matriculé en algunos cursos de universidad para entender a un segmento de nuestra comunidad, y dedique tiempo para conocer a otras culturas. No era suficiente que sencillamente me parara junto a ellos en alguna conferencia. Quería saber cómo piensan y cómo responden a los asuntos de actualidad y a los puntos de vista acerca de las políticas. Quería descubrir como se sienten respecto a la opinión de los líderes de la iglesia, especialmente los de piel blanca. No tenía manera de saber esas cosas con sólo adivinar y suponer. Debía aplicarme al trabajo de indagar y a la grata experiencia de establecer nuevas amistades.

Estudie la demografía en su comunidad, especialmente en un radio de tres millas o cinco kilómetros de su iglesia. Note los patrones y las agrupaciones. Antes, la gente se situaba en vencidades con personas de su misma raza y cultura, pero hoy esa tendencia está cambiando. Comente sus hallazgos con los líderes más jóvenes de su equipo o de su iglesia. Pídales que le hablen acerca de las personas de otras culturas. Haga muchas preguntas, y escuche cuidadosamente. Pídales que le presenten a sus amigos de otras razas y otros estilos de vida. Procure ser un buen oyente. Usted está allí para saber que despierta el interés de ellos; no para convencerlos de que su perspectiva es la mejor o para que se conformen a sus expectativas. Si usted conquista el corazón de ellos, más tarde ellos escucharán su mensaje. El establecimiento de relaciones es como preparar la tierra para la siembra. Sea un agricultor diligente.

Prepare un ambiente cómodo para las personas que quiere invitar a su iglesia. Construya una atmósfera—un etos—en que se sientan acogidos, cómodos, y valorados. Considere el rostro de quienes están en su plataforma, la música que se oye en la antesala de la iglesia, el estilo de adoración, el tipo de juegos para los niños, y todo lo demás que sucede en su recinto. Pida a uno de sus nuevos amigos que le diga qué lo hace sentir cómodo en su iglesia—y ore que le hable con sinceridad.

Nosotros no tenemos música ambiental religiosa en la antesala de nuestra iglesia los domingos en la mañana. Ponemos versiones orquestadas de la canciones de la cultura negra e hispana, y algunas de las melodías populares en boga. Nada que suene con mucha fuerza. Música de fondo que crea un ambiente familiar y atractivo cuando la iglesia entra a nuestro lugar de reunión. No es necesario que la música de la antesala se seleccione para causar un profundo impacto espiritual. Si los visitantes se sienten bien cuando crucen la puerta de entrada, unos minutos más tarde estarán abiertos a su mensaje.

Algunos pastores insisten: "Quiero que la gente sientan la poderosa presencia de Dios en el momento en que crucen el umbral." Esa es una muy buena meta, pero con mucha frecuencia, la música y los símbolos religiosos son elementos desconocidos para las personas que invitamos. (Aprendimos nuestra lección en nuestro edificio anterior con una enorme torre de oración y su cruz dorada.) Nuestra meta es que las personas que invitamos se sientan bienvenidas y como si estuvieran en casa. Ciertamente queremos que Dios obre en la vida de ellos, pero no esperamos que suceda en la antesala de la iglesia.

La música ambiental que escuche en el centro comercial, es la que puede tocar por los parlantes de la antesala de la iglesia. Los centros comerciales han invertido millones en estudios de lo que hace sentir cómoda a la gente. Aprenda de ellos. Usted quiere alcanzar al mismo público, pero con un producto muy diferente.

Hasta hace un tiempo pensábamos que conocíamos muy bien la atmósfera y la cultura de la iglesia, pero ya no es así. El doctor Sam Chand es uno de los principales expertos en liderazgo del mundo. En su libro, él dice lo siguiente:

> La cultura—no la visión ni la estrategia—es el factor más poderoso en cualquier organización. Determina la receptividad del personal y de los voluntarios ante las nuevas ideas, da libertad o frustra la creatividad, fortalece o quita el entusiasmo, y crea un profundo sentimiento de desánimo acerca del trabajo o de la participación en él. Finalmente, la cultura de una organización—particularmente en las iglesias y en las organizaciones no lucrativas, y también en cualquier otra organización—forma la moral, el espíritu de trabajo, la efectividad, y los resultados de los individuos.[21]

En nuestra transición, desmantelamos y reensamblamos cada aspecto de la cultura de Calvary. Necesitábamos un drástico reacondicionamiento, e hicimos muchos cambios a todo nivel y en toda área. Nos enfocamos en funciones de liderazgo y personal, reuniones del personal, nuestra manera de hablar, y en cómo podíamos propiciar una atmósfera dinámica y llena de fe. Analizamos todo cuidadosamente para asegurarnos de que podíamos conectarnos con la gente de nuestra comunidad. En nuestra antesala tenemos una cafetería y un centro de recursos donde la gente puede encontrar respuestas a cualquier pregunta—sea nuestra teología o la ubicación del baño. Tenemos juegos para los niños, gente que toca guitarra, y toda clase de obsequios. Queremos que la antesala de la iglesia tenga la atmósfera de un parque o una feria. Además, notamos que en nuestra comunidad hay muchos padres y madres solteros, así que organizamos algunas maravillosas actividades para honrarlos, expresarles nuestro cariño, y apoyarlos con recursos que ellos necesitan. Estas actividades han tenido gran éxito entre este grupo de padres y madres solteros y entre las personas que han dado mucho de sí para ayudarlos. El cambio de la cultura de una iglesia no es un esfuerzo que hacemos solo una vez. Siempre estamos evaluando nuestro personal, nuestros voluntarios, nuestros asistentes, y nuestra reputación en la comunidad, y hacemos los cambios que sean necesarios.

Para saber más acerca de la cultura en su comunidad, vaya a los lugares que la gente frecuenta, como centros comerciales, restaurantes, parques, conciertos. Lea sus publicaciones; si tiene un espíritu más aventurero, infórmese con la lectura de revistas como *People* y *Rolling Stone* que presentan artículos de actualidad y del mundo de la farándula. Cada comunidad probablemente tiene su propio conjunto de revistas, periódicos, y panfletos. Propóngase como tarea salir de su oficina, dedicar tiempo a cultivar nuevas amistades, y a aprender todo lo que pueda de ellos.

Cuando predique, use declaraciones que extraiga de sus canciones y dichos que tome de sus películas y que ilustren bien los puntos de su sermón. Para hacerlo, tenemos que escuchar estaciones de radio y ver películas que normalmente no veríamos, e ir a eventos deportivos. (De hecho, Ben Dailey es un experto en el arte de la conexión con todas las culturas. Los miembros de nuestro personal han aprendido mucho de él.)

Es mucho más fácil quedarse atascado en los hábitos y valores de toda una vida, pero Dios nos está llamando a ir más allá de lo *cómodo* a lo *posible*. La conexión con otras culturas es una de las tareas más desafiantes y exigentes que he asumido en mi vida, y también una de las más gratificantes.

> Es mucho más fácil quedarse atascado en los hábitos y valores de toda una vida, pero Dios nos está llamando a ir más allá de lo *cómodo* a lo *posible*.

Rechace el conformismo

Todo en la naturaleza humana nos dice que el orden de las cosas siempre será como es hoy. ¡No lo crea, es basura! Cristo vino a buscar y a salvar lo que se había perdido. Él no dejó al mundo en la condición en que lo encontró. Él vino del cielo para que las cosas fueran diferentes. Le costó lo indecible, pero Él estimó que valía la pena pagar ese precio.

¿Vale la pena que paguemos un alto precio para alcanzar a las personas de nuestra comunidad? Probablemente no tendremos que literalmente "morir" para conectarnos con ellos, pero tendremos que hacer morir y vencer algunos de nuestros antiguos y rígidos métodos, que muestran nuestra desconfianza, letargo, y egocentrismo. Tendremos que pagar el precio en tiempo, esfuerzo, y humildad para hacer las preguntas en vez de ser "quienes siempre tenemos todas las respuestas". Tendremos que reconocer que no sabemos cómo conectarnos con otros grupos, que nos hemos sentido superiores a ellos, y que tal vez, realmente nunca nos hemos interesado en ellos.

Pero, ahora, las cosas serán diferentes.

Muchos pastores ven algunos rostros negros o hispanos en su congregación el domingo en la mañana, y creen que están alcanzando a esas culturas. Tal vez haya una buena conexión transcultural, pero es posible que no estén haciendo nada al respecto. Tenemos que medir la efectividad de nuestra conciencia cultural y nuestro alcance, comparando la demografía de nuestra iglesia con la demografía de la comunidad. En 1995, Calvary era 98 por ciento blanca. Hoy, somos un claro reflejo de Irving y la comuidad en que estamos insertos: 30 por ciento blanco, 30 por ciento negro, 30 por ciento hispano, y 10 por ciento asiático.

Cada estrategia, cada actividad, cada sermón puede mejorar. Debemos resistir el conformismo, no importa lo que cueste. En Texas, tenemos un antiguo dicho: "No arreglamos lo que no está roto". Pero en Calvary, decimos: "Si no está roto, ¡lo rompemos y lo hacemos mejor!"

La seguridad no debe ser la meta por excelencia del líder. Si nuestro principal propósito es proteger nuestra reputación y preocuparnos de causar mucho revuelo, nunca haremos grandes cosas en nombre de Dios. Si andamos con Dios siempre habrá riesgos. Aunque no sea por causa de la insensatez, no dejan de ser riesgos. Ciertamente no hemos tenido buen éxito en todo lo que nos hemos propuesto hacer en las dos últimas décadas de transición de iglesia mayormente blanca a una iglesia donde hay diversidad, pero sí hemos aprendido algunas importantes lecciones de cada error y de cada paso adelante que hemos podido dar.

Asuma riesgos, aunque esta no sea la meta. No somos personas que necesitamos dosis de adrenalina para vivir en un constante caos y condición de locura. Somos pastores. Hemos sido llamados a salir del lugar donde están las noventa y nueve para buscar a la oveja que se ha perdido y traerla de vuelta al redil, y hemos sido llamados a pastorear el rebaño de Dios y a que el amor de Jesús fluya de nuestra vida a las personas que se nos ha encomendado.

Como todo ser humano, estamos dispuestos a arriesgarnos por algo o por alguien a quien verdaderamente amamos. Si escuchamos que un padre de familia ha perdido a uno de sus hijos en el parque, nos preocupamos y ofrecemos nuestra ayuda. Pero si el hijo que se ha perdido es el *nuestro*, arriesgaremos todo para encontrar al hijo perdido. El amor nos mueve a la acción, pero cuando hay falta de amor, nos distanciamos para refugiarnos en la seguridad del conformismo. Nos alegramos cuando alguien responde al evangelio, pero rara vez invertimos nuestro tiempo, nuestra energía, o nuestro buen nombre para ir en busca de aquellas personas que la sociedad ha desechado, los pecadores, o los extranjeros. Cristo debió amarlos mucho. Él estuvo dispuesto a arriesgar todo por ti y por mí.

Debemos plantearnos algunas serias preguntas:

—¿Vemos a las personas de otra cultura, raza, género, o edad como una molestia que exige mucho de nosotros?

—¿Los vemos como proyectos que debemos cumplir?

—¿O amamos a esas personas de tal manera que estamos dispuestos a arriesgar todo y pagar el precio par alcanzarlos?

Cuando Jesús refirió la historia del pastor que salió en busca de la oveja perdida, el hecho dc haber encontrado la oveja produjo un tiempo de gran celebración y regocijo. Jesús explico la moraleja de la parábola: "Les digo que así es también en el cielo: habrá más alegría por un solo pecador que se arrepienta, que por noventa y nueve justos que no necesitan arrepentirse" (Lucas 15:7). Vemos claramente lo que conmueve el corazón de Dios y de los ángeles. Entonces, ¿qué conmueve nuestro corazón?

Y usted . . ., ¿qué piensa hacer?

Espero que el mensaje de este libro haya llegado a su corazón. Si lo ha tocado y quiere levantar una iglesia que trate a las personas con amor radical y celebre la diversidad cultural, prepárese para la más emocionante aventura de su vida. Usted experimentará la bendición de Dios, y enfrentará la resistencia del enemigo. Considere ésto como un hecho.

Cualquier estrategia para el crecimiento y el alcance debe ser planeada cuidadosamente e implementada con intencionalidad. En un abrir y cerrar de ojos usted puede cambiar el color del panfleto de anuncios de su iglesia, pero el cambio de cultura de una organización requiere de mucho más tiempo y atención. No apresure el proceso. Sea diligente en la oración, dedíquese a estudiar y a observar, establezca nuevas amistades, invite a líderes jóvenes a que sean parte de su equipo de trabajo, y escuche siempre a las personas.

Hay algo de lo que podemos estar seguros: la creación de una "gran iglesia sombrilla" es un concepto absolutamente en línea con el corazón de Dios. Jesús fue más allá de las sinagogas y de las comunidades judías que lo hacían sentir seguro, y Pablo fue a los lugares más remotos del mundo para alcanzar cada vida. "El Señor no tarda en cumplir su promesa, según entienden algunos la tardanza. Más bien, él tiene paciencia con ustedes, porque no quiere que nadie perezca sino que todos se arrepientan" (2 Pedro 3:9). El regocijo en el cielo no es para celebrar el nuevo edificio que levantamos, ni la nueva música de adoración, ni la nueva estrategia, ni tampoco la nueva conferencia. Los ángeles irrumpen en fiesta cuando un humilde pastor sale a buscar

Hay algo de lo que podemos estar seguros: la creación de una "gran iglesia sombrilla" es un concepto absolutamente en línea con el corazón de Dios.

al más sombrío y perdido pecador, y lo encuentra y lo trae a la casa de Dios.

Si las historias y los principios de este libro no resuenan en su mente y en su corazón—y si más bien, usted siente repulsión por ellos—espero que le pida a Dios que le revele lo que hay en su corazón para usted. Lea los Evangelios y vea cómo Dios amó a quienes otros abandonaron y menospreciaron. Espero que Dios estremezca su corazón con la compasión por las personas abandonadas y desechadas de su comunidad. Si el amor por ellos crece en usted, posiblemente estará dispuesto a arriesgarse y a pagar el precio para alcanzarlos.

En su oración al Padre antes de ser apresado, Jesús oró: "Como tú me enviaste al mundo, yo los envío también al mundo" (Juan 17:18). El Padre envió a Jesús a morir por nosotros; hoy Él nos envía a nosotros a morir a nuestro egoísmo, a la arrogancia, y la apatía, para que podamos vivir para Él y participar en su causa. No pierda esta oportunidad. Este es el corazón del evangelio, y es el corazón del verdadero ministerio.

Considere lo siguiente:

1. ¿Cómo definiría y describiría la oración perseverante? ¿Cuáles son algunos de los hábitos y presiones que corroen nuestro compromiso con esta clase de oración?

2. ¿Cuáles son algunas señales de la unción del Espíritu? ¿Qué hace usted cuando no siente su presencia?

3. ¿Cuáles son algunos errores comunes que cometemos los pastores cuando debemos planificar de manera estratégica? ¿Vale la pena hacerlo? ¿Por qué sí o por qué no? ¿Qué compromiso debe hacer usted para ser un planificador más efectivo?

4. ¿Dónde buscará los recursos y las personas que lo ayudarán entender la cultura de su comunidad?

5. ¿Por que algunos de nosotros nos sentimos tan cómodos con el orden de las cosas? ¿Por qué debemos rechazar el conformismo con el orden establecido de las cosas?

6. ¿Cuál es el principio más importante que ha leído en este libro?

7. ¿Cuál es el siguiente paso que debe dar usted y la iglesia a la que sirve?

Notas

1   En los últimos años, se han usado diversos términos para describir a los grupos étnicos. Por un tiempo, estuvo en boga el término "afroamericano", que dejaba fuera a personas cuyas raíces están en otros país o continente. Algunos han usado la palabra Negros como sustantivo propio, y otros como sustantivo común. En este libro, uso con cierta frecuencia el concepto más amplio "gente de color", aunque a veces me refiero específicamente a negros, hispanos, asiáticos, u otros grupos étnicos.

2   "The Kitty Genovese Murder" [El asesinato de Kitty Genovese], por Mark Gado, como se cita en www.trutv.com/library/crime/serial_killers/predators/kitty_genovese/1.html on 8/6/12.

3   Andraé Crouch, "I Don't Know Why Jesus Loved Me" [No sé por qué Jesús me amó], *The Definitive Greatest Hits*, Sheridan Square Records, 2005.

4   Historia que se mencionó en *Baseball: The Eighth Inning* [Béisbol: el octavo inning], un documetal de Ken Burns, Public Broadcasting Corporation, 1994.

5   Elisabeth Elliott, *Shadow of the Almighty: The Life and Testament of Jim Elliott* [La sombra del Todopoderoso: vida y testamento de Jim Elliot] (New York: HarperCollins, 1989), 160.

6   Richard Foster, *Celebración de la disciplina* (Buenos Aires, Editorial Peniel, 2009), 14.

7   "Internet Problems? [¿Problemas con la Internet?]", por dwolery, publicado en enero 17, 2009, como se cita en www.clergyrecovery.com/?=40

8   Timothy Keller, *Generous Justice* [Justicia generosa] (New York: Dutton, 2010), 4.

9   "The Life of John Bunyan [La vida de John Bunyan]", por George W. Latham, Christian Biography Resources, como se cita en www.wholesomewords.org/biography/bbunyan4.html en 8/7/12.

10   "Life of John Milton (1608–1674) [La vida de John Milton (1608–1674)]", Luminarium: Anthology of English Literature, como se cita en www.luminarium.org/sevenlit/milton/miltonbio. htm en 8/7/12.

11   "Safe in the Arms of Jesus [Protegido en los brazos de Jesús]", por J. M. K., Christian Biography Resources, como se cita en www. wholesomewords.org/biography/bcrosby3.html en 8/7/12.

12   "Martin Luther Pioneered the Protestant Reformation [Martín Lutero, pionero de la Reforma cristiana]", por Mary Fairchild, como se cita en christianity.about.com/od/lutherandenomina- tion/a/martinlutherbio.htm en 8/7/12.

13   "Nelson Mandela: The Nobel Peace Prize 1993 [Nelson Man- dela: Premio Nobel de la Paz 1993]", F. W. de Klerk, como se cita en www.nobelprize.org/nobel_prizes/peace/laureates/1993/ mandela-bio.html/ en 8/7/12.

14   Charles H. Spurgeon, *Discurso a mis estudiantes*, (Documento en formato PDF, descarga gratis de http://ebookbrowse.com), 16–17.

15   Sam Rainer, "Two Keys of a Simple Church [Dos claves para la iglesia sencilla]", Church Executive, 26 de julio, 2010, como se cita en churchexecutive.com/archives/two-missing-pieces-of-a- simple-church.

16   Jim Collins, *Good to Great* [De bueno a excelente] (HarperBusi- ness, 2001), 46.

17   Ibid., 28.

18 Tommy Barnett, *There's a Miracle in Your House* [Hay un milagro en la casa] (Lake Mary, Florida: Charisma House, 1996).

19 Elisabeth Elliot, como se cita en *Prayers for the Faithful* [Oraciones por el fiel], Mary Ann Bridgewater, Beth Moore, Jerry Rankin (Nashville: B&H Books, 2008), 348.

20 Charles Wesley, "And Can It Be That I Should Gain?", *Psalms and Hymns*, 1738.

21 Samuel R. Chand, *Cracking Your Church's Culture Code* [Cómo descifrar la clave de la cultura de su iglesia] (San Francisco: Jossey Bass, 2011), 2.

Acerca del autor

J. Don George por muchos ha servido como pastor y evangelista. Después de viajar siete años como evangelista, cumplió su ministerio pastoral en Plainview, Texas, Baton Rouge, Louisiana, y Fort Worth, Texas, antes de asumir como pastor de  Calvary Church en Irving, Texas, en 1972.

George egresó de Wayland Baptist University, y ha hecho estudios adicionales en Louisiana State University y en la University of Texas en Arlington. Además obtuvo un doctorado en divinidad en Oral Roberts University en Tulsa, Oklahoma.

El pastor George ha viajado con cierta frecuencia a otros países para predicar en campañas evangelísticas. Con este propósito ha visitado Europa, África, Asia, India, el Oriente Medio, América Central, y América del Sur.

En 1957, el pastor George contrajo matrimonio con Gwen Rogers de Abilene, Texas. Ellos tuvieron tres hijos: Valerie, Roger, y Rodney. J. Don y Gwen tienen seis nietos.

El pastor George es miembro de la Cámara de Comercio

de Irving y del Club Rotario Las Colinas-Irving. El fue presidente de la Asociación de Ministros de Irving, de la Asociación de Pastores de las Asambleas de Dios de la gran ciudad de Dallas, y del Club Rotario Las Colinas-Irving.

Hoy, él sirve en las siguientes directivas de ministerio:

— Assemblies of God Theological Seminary; Springfield, Missouri

— Southwestern Assemblies of God University; Waxahachie, Texas

— Equip (John Maxwell Ministries); Atlanta, Georgia

— Presbiterio ejecutivo (Región South Central) Concilio General de las Asambleas de Dios

— Reaching International; Nashville, Tennessee

— Network 211; Springfield, Missouri

Use
Contra el viento
en clases y grupos

Este libro está diseñado para el estudio individual, para clases, o para grupos pequeños. La mejor manera de absorber y aplicar estos principios es que cada persona estudie y responda individualmente las preguntas al final de cada capítulo, y que luego las comente en la clase o en el grupo.

Las preguntas al final de cada capítulo tienen como fin estimular la reflexión, la práctica, y el intercambio de ideas. Haga su pedido de libros para que cada persona tenga su propio ejemplar. En el caso de un matrimonio, anímelos a que cada uno tenga su propio ejemplar, para que puedan escribir sus reflexiones.

El cronograma que se recomienda para las clases o los grupos pequeños es el siguiente:

Semana 1: Presente el material. Como líder de grupo, refiera su historia —cómo encontró el sueño de Dios y cómo lo está haciendo realidad. Comparta con ellos sus expectativas para el grupo y asegúrese de que todos tengan un ejemplar del libro. Anime a los participantes a leer durante la semana el capítulo que corresponda a la siguiente clase y a responder las preguntas.

Semana 2–9: Cada sesión, presente el tema para esa semana y describa con una anécdota cómo Dios aplicó ese principio en su vida. En grupos pequeños, modere el intercambio de ideas sobre las preguntas que encuentra al final de cada capítulo. En la clase, presente los principios de cada capítulo; use sus propias ilustraciones y promueva el intercambio de ideas.

Personalice cada lección

No se sienta obligado a dedicar un tiempo de reflexión a cada pregunta durante la discusión del grupo. Escoja tres o cuatro preguntas que más lo impresionen y concéntrese en ellas, o pida a los integrantes del grupo que refieran sus respuestas a las preguntas que les resultaron más significativas esa semana.

Asegúrese de personalizar los principios y las aplicaciones. Por lo menos una vez durante cada reunión del grupo, introduzca una historia personal para ilustrar un punto en particular.

Destaque la importancia de la aplicación

Las preguntas al final de cada capítulo y el entusiasmo que comunique a los integrantes de su grupo los ayudará a dar firmes pasos en la aplicación de los principios que aprendan. Comente con ellos cómo usted aplica los principios de cada capítulo para estimular el crecimiento de todo el grupo.

Tres tipos de preguntas

Si tiene experiencia dirigiendo grupos, seguramente ya sabe cuán importante es el uso de preguntas abiertas para el intercambio de ideas. Los tres tipos de preguntas son *restringidas*, *orientadoras*, y *abiertas*. La mayoría de las preguntas al final de cada lección son preguntas abiertas.

Las *preguntas restringidas* se concentran en una respuesta que suele ser obvia: "¿Qué título usó Jesús para referirse a sí mismo en Juan 10:11?" No estimulan la reflexión ni el intercambio de ideas. Si lo desea, es posible usar este tipo de preguntas, pero asegúrese de usar también preguntas abiertas que hagan pensar.

Las *preguntas orientadoras* requieren que los oyentes adivinen lo que el líder está pensando: "¿Por qué usó Jesús la metáfora de un pastor en Juan 10?" (Posiblemente fue una alusión a un pasaje de Ezequiel, pero pocas personas lo saben.) El maestro que formula una pregunta orientadora ya sabe la respuesta. En vez de hacer este tipo de pregunta, usted debería enseñar el punto y luego quizás hacer una pregunta abierta sobre lo que enseñó.

Las *preguntas abiertas* no tienen respuestas correctas ni incorrectas. Estimulan el pensamiento y son mucho menos amenazadoras, porque la persona que responde no corre el riesgo de equivocarse. Estas preguntas a menudo son del tipo: "¿Por qué le parece que…" o "¿Por qué motivo….?" o "¿Cómo se habría sentido usted en esa situación?"

Preparación

Cuando se disponga a enseñar este material en un grupo o a una clase:

1. Lea el libro detenidamente y reflexione sobre los temas que plantea. Tome notas, subraye los pasajes más importantes, las citas, las anécdotas, y reflexione sobre las preguntas al final de cada capítulo. Esto le permitirá familiarizarse con todo el contenido del texto.

2. Cuando se prepare para la clase o el grupo semanal, lea nuevamente el capítulo correspondiente y haga notas adicionales.

3. Adapte el contenido que abarcará al tiempo disponible. Posiblemente, no tendrá suficiente tiempo para todas las preguntas, por lo tanto, escoja las que considera más pertinentes.

4. Aporte sus propias historias para personalizar el mensaje y producir más impacto.

5. Antes y durante su preparación, pida a Dios que le dé sabiduría, claridad, y poder. Confíe que Dios lo usará como un instrumento con el fin de transformar la vida de las personas.

6. La mayoría de las personas obtendrán mucho más de
    la sesión si leen el capítulo antes de la reunión y ya han
    reflexionado en las preguntas que corresponden a cada
    semana. Solicite más ejemplares antes de comenzar las
    reuniones grupales o las clases, o en el curso de la pri-
    mera semana.

Cómo solicitar más ejemplares

Para solicitar más ejemplares, visite
www.MyHealthyChurch.com